媒体关联与证券市场动量溢出效应研究

—— 基于实证资产定价与深度学习视角

邢容 李庆 著

西南财经大学出版社
Southwestern University of Finance & Economics Press
中国·成都

图书在版编目(CIP)数据

媒体关联与证券市场动量溢出效应研究:基于实证资产定价与深度学习视角/邢容,李庆著.—成都:西南财经大学出版社,2023.5
ISBN 978-7-5504-5781-2

Ⅰ.①媒… Ⅱ.①邢…②李… Ⅲ.①媒体—影响—证券市场—研究—中国 Ⅳ.①F832.51

中国国家版本馆 CIP 数据核字(2023)第 088443 号

媒体关联与证券市场动量溢出效应研究
——基于实证资产定价与深度学习视角
MEITI GUANLIAN YU ZHENGQUAN SHICHANG DONGLIANG YICHU XIAOYING YANJIU
——JIYU SHIZHENG ZICHAN DINGJIA YU SHENDU XUEXI SHIJIAO

邢容　李庆　著

责任编辑:林伶
责任校对:李琼
封面设计:何东琳设计工作室
责任印制:朱曼丽

出版发行	西南财经大学出版社(四川省成都市光华村街55号)
网　　址	http://cbs.swufe.edu.cn
电子邮件	bookcj@ swufe.edu.cn
邮政编码	610074
电　　话	028-87353785
照　　排	四川胜翔数码印务设计有限公司
印　　刷	郫县犀浦印刷厂
成品尺寸	170mm×240mm
印　　张	12.75
字　　数	187 千字
版　　次	2023 年 5 月第 1 版
印　　次	2023 年 5 月第 1 次印刷
书　　号	ISBN 978-7-5504-5781-2
定　　价	78.00 元

1. 版权所有,翻印必究。
2. 如有印刷、装订等差错,可向本社营销部调换。

前言

　　认知影响市场波动的本质因素，揭示市场微观结构和内在运行机理，是金融学研究一直以来致力于阐释的主题。现有的金融学研究普遍从资产自身的视角出发，解释不同风险因素如何影响一个企业的资本成本和预期收益率的问题，从而清晰地刻画了各类风险因素与资产预期收益率之间的关系。然而，资本市场涵盖了多样资产和各类市场参与者，是一个复杂且不断变化的综合系统。在这个系统中，各个企业之间因其内在价值的关联性、公司之间的竞争与合作、投资者对不同资产的认知和比较，以及市场监管部门的监管需求而产生不同类别的关联，构成了一个复杂且动态变化的企业关联网络。随着市场的运行，该企业网络上某一节点（企业）的变化会对与之关联的企业产生不同程度的影响，忽视企业间关联关系对资产价格波动的影响作用无疑扭曲了对真实资产价格运行机理的认知。

　　最新的金融学研究成果表明，企业之间的关联关系会使关联企业资产收益率之间产生动量溢出效应，即一个企业的资产收益率在过去的表现会对与该企业相关联的其他企业资产预期收益率产生跨期的预测作用。但是，在多样的企业关联关系中，哪种关系更为有效，亦或哪种关系更具代表性和影响力，值得商榷。更重要的是，在真实的市场中，导致动量溢出效应的企业关联关系复杂多变，多种不同的企业关联关系相互共存，依据市场运行态势动态演进和连续变化，不断调节其对关联企业之间动量溢出效应的影响程度。传统的金融计量方法囿于维度限制和线性局限，无法有效捕捉资产收益率之间这种基于复杂关联的动态传导和溢出作用，从而难以探究企业间各种关联关系在不同市场运行状态下对资产价格波动的动态影响和综合作用。此外，传统的金融研究从解构的思维出发，逐一探寻各种因素与市场波动的因果关联。然而，资本市场是一个复杂的动态系统，其波动一定是各种因素相互交融、共同作用的合力结果，忽略引起市场波动的各类因素之间交互融合后的新特性，便无法精准地捕捉动量溢出效应对资产价格波动的影响。迄今为止，还没有一个研究框架能够将影响市场波动的各类异构（标量、向量、图结构）的因素融合在一起，分析其合力对市场波动的影响作用。

基于此，本书立足于现代金融学理论框架，面向中国证券市场，展开基于媒体关联的动量溢出效应研究。本书创新性地提出基于媒体新闻共同报道捕捉企业关联关系的思想。以该思想为指导，本书构建了一个基于媒体关联的企业关系网络，系统地论证了基于媒体关联的企业关联关系的独特性和合理性，并从有限注意力假设出发，验证了基于媒体关联的企业关联关系及关联资产的动量溢出效应在不同市场运行时期的存在性、有效性和稳健性。为了克服传统计量方法无法有效捕捉资产收益率之间基于复杂关联的动态传导和溢出效应的局限性，本书创新性地提出了一个面向动量溢出效应的自适应动态图神经网络算法，以细致地刻画动量在企业之间的转移和汇集作用。在此基础上，考虑到市场波动是各种影响因素交互融合、共同作用的合力结果，本书从"融合"的视角出发，创新性地提出了一个面向证券市场动量溢出效应的大数据风险分析框架，聚焦多源异构市场信息融合后的新特性，探究各类异构市场信息对资产价格波动的合力影响，旨在更细致且精准地捕捉动量溢出效应对证券市场波动的影响作用。

本书实现了实证资产定价研究与深度学习技术在金融中应用的深度结合，构建了一套完整的研究系统。研究的主要贡献和创新点包括以下三个方面：

第一，本书从大数据的视角，通过定量化分析，论证了中国证券市场基于媒体关联的动量溢出效应的存在性，为实证资产定价研究的发展提供了中国证券市场的证据。相较于现有研究中提出的反映企业基本面关联的企业关系，基于媒体关联的企业关联关系在市场正常和极端运行时期都能够更加有效地捕捉关联企业资产收益率之间的动量溢出。本书构建的基于媒体关联的企业关系无论是在实证资产定价检验，还是基于深度学习模型的预测结果中，都具有很好的表现。

第二，导致动量溢出效应的企业关联关系是复杂多变的，即多种不同的企业关联关系相互共存，依据市场运行态势动态地调节其对动量溢出效应的影响程度。为了克服传统计量方法无法有效捕捉资产收益率间基于复杂关联的动态传导和溢出作用的局限性，本书创新性地提出了一个面向动量溢出效应的自适应动态图神经网络算法，以细致地刻画动量在企业之间的转移和汇集作用，从而为探究动量溢出效应对证券市场波动风险的影响提供了一个基于智能计算的研究思路。

第三，考虑到市场波动是各种影响因素交互融合、共同作用的合力结果，为了更细致且精准地捕捉动量溢出效应对证券市场波动的影响作用，本书创新性地提出了一个基于融合思想的智能计算大数据风险分析框架，以揭示多源异构（标量、向量、图结构）的市场信息对复杂经济系统的综合动态影响，旨在为证券市场波动风险分析这个金融学经典命题探寻一个新的智能计算解决方案，促进学科研究范式的创新。

邢容　李庆
2023 年 5 月

目录

1 绪论 / 1
  1.1 选题背景和研究意义 / 1
    1.1.1 选题背景 / 1
    1.1.2 研究意义 / 13
  1.2 研究思路、研究方法及全书结构 / 17
    1.2.1 研究思路 / 17
    1.2.2 研究方法 / 20
    1.2.3 全书结构 / 22
  1.3 本书的创新点 / 24

2 理论基础与文献综述 / 28
  2.1 证券市场波动相关理论 / 29
    2.1.1 现代经典金融理论 / 29
    2.1.2 行为金融学理论 / 33
    2.1.3 本节评述 / 37
  2.2 企业关联关系与证券市场波动研究 / 38
    2.2.1 股票联动性研究 / 40
    2.2.2 动量溢出效应研究 / 42
    2.2.3 本节评述 / 44

2.3　证券市场媒体效应研究 / 45
　　2.3.1　证券市场媒体效应存在性研究 / 47
　　2.3.2　媒体新闻与证券市场波动研究 / 50
　　2.3.3　本节评述 / 52
2.4　面向证券市场波动风险分析的研究 / 53
　　2.4.1　传统的证券市场波动风险分析研究 / 56
　　2.4.2　面向证券市场波动的智能计算研究 / 58
　　2.4.3　本节评述 / 61
2.5　本章小结 / 63

3　媒体关联与企业关系网络构建 / 65
3.1　企业媒体关联的论述 / 66
　　3.1.1　企业媒体关联的定义 / 66
　　3.1.2　企业媒体关联的理论基础 / 66
　　3.1.3　企业媒体关联的合理性及优越性 / 68
3.2　基于媒体关联的企业网络构建 / 70
　　3.2.1　企业媒体关联网络构建方法 / 71
　　3.2.2　基于企业媒体关联网络的股价相关性分析方法 / 73
　　3.2.3　基于企业媒体关联网络的企业影响力分析方法 / 75
3.3　数据准备及统计分析 / 76
　　3.3.1　媒体新闻数据获取及预处理 / 77
　　3.3.2　媒体新闻数据描述性统计分析 / 79
　　3.3.3　证券市场交易数据准备 / 80
3.4　基于企业媒体关联网络的企业关联性分析 / 82
　　3.4.1　企业媒体关联网络构建分析 / 83
　　3.4.2　企业媒体关联网络中的企业关联性分析 / 85
　　3.4.3　企业媒体关联网络中最具影响力企业分析 / 91
3.5　本章小结 / 92

4 基于媒体关联的企业动量溢出效应分析 / 94

4.1 问题的提出 / 95
4.2 模型的构建 / 96
4.2.1 基于媒体关联的企业关系代理变量构建 / 97
4.2.2 基于媒体关联的动量溢出效应分析 / 98
4.3 数据准备及统计分析 / 99
4.4 实证结果分析 / 101
4.4.1 动量溢出效应的验证 / 101
4.4.2 稳健性检验 / 104
4.5 本章小节 / 108

5 面向动量溢出效应的深度图神经网络研究 / 109

5.1 问题的提出 / 110
5.2 模型的构建 / 112
5.2.1 深度学习在金融中的应用 / 112
5.2.2 基于门控机制的自适应动态图神经网络模型 / 114
5.3 数据统计及实验准备 / 117
5.3.1 样本数据及统计描述 / 117
5.3.2 模型参数设置 / 122
5.3.3 对比实验设置 / 122
5.4 实验结果分析 / 124
5.4.1 评价指标 / 125
5.4.2 对比模型结果分析 / 125
5.4.3 模型的有效性分析 / 127
5.5 本章小节 / 130

6 面向证券市场动量溢出效应的大数据风险分析框架 / 131

6.1 问题的提出 / 132

6.2 模型的构建 / 134

    6.2.1 系统框架设计 / 134

    6.2.2 时序特征融合 / 135

    6.2.3 关系特征融合 / 138

6.3 数据统计及实验准备 / 139

    6.3.1 市场信息概述 / 139

    6.3.2 样本数据及统计描述 / 141

    6.3.3 模型参数设置 / 142

    6.3.4 对比模型设置 / 143

6.4 实验结果分析 / 145

    6.4.1 评价指标 / 146

    6.4.2 对比模型结果分析 / 146

    6.4.3 模型的有效性分析 / 148

    6.4.4 策略投资模拟 / 152

6.5 本章小结 / 155

7 总结、不足与未来展望 / 157

7.1 研究总结 / 157

7.2 研究不足 / 161

7.3 未来展望 / 163

参考文献 / 166

附录 / 182

1 绪论

1.1 选题背景与研究意义

1.1.1 选题背景

2020 年,恰逢中国资本市场建立三十周年。所谓三十而立,我国资本市场栉风沐雨三十年,取得了跨越式的发展和举世瞩目的成就,如今已是一派春华秋实之象。就我国 A 股市场而言,截至 2020 年年底,上海证券交易所上市公司总数达 1 843 家,总市值达 45.5 万亿元,流通市值达 38.0 万亿元;深圳证券交易所上市公司总数达 2 354 家,总市值达 34.2 万亿元,流通市值达 26.4 万亿元;两市市值总规模从 1990 年成立之初的 23 亿元陡增至 80 万亿元,占我国 2020 年全年 GDP 的 78%;投资者开户人数达 1.75 亿[①]。回顾历史,我国资本市场仅用了三十年的时间,便几乎走过了西方国家上百年的发展历程,发展成为全球市值第二大资本市场,体现出强劲的后发优势。如今,我国资本市场已然在助力整个国民经济发展中扮

---

① 数据来源于上海证券交易所(http://www.sse.com.cn/)、深圳证券交易所(http://www.szse.cn/)和国家统计局(http://www.stats.gov.cn/)。具体而言,截至 2020 年年底,上海证券交易所上市公司总数达 1843 家,总市值达 455 321.59 亿元,流通市值达 380 012.99 亿元;深圳证券交易所上市公司总数达 2354 家,总市值达 341 916.57 亿元,流通市值达 263 592.3 亿元。2020 全年 GDP 为 1 015 986.2 亿元。

演着牵一发而动全身的重要角色。

然而，在取得亮眼成绩的背后，我国资本市场先天发育不足，计划经济痕迹明显，市场结构不均衡与资源配置不合理的缺陷愈发显露无遗，诸如 IPO 发行行政化、"政策市"闹剧、投资者"巨婴症"等一系列问题如影随形。2016 年，被称为史上最短命股市机制的"熔断机制（Circuit Breaker）"掀起的"腥风血雨"至今仍让人历历在目。2016 年 1 月 1 日，中国证券市场正式实施"熔断机制"，旨在帮助市场降温，防止恐慌情绪蔓延导致市场产生更大的波动。然而，该机制在实际运作中，不仅没有发挥维护市场稳定的功效，反而引起"磁吸效应假说"[①]，加剧了市场暴跌。在熔断机制实施后的首个交易日，中国股市便连续两次触发熔断阈值致使其提前收市。仅相隔两天后的 1 月 7 日，股市在开盘 12 分钟便触发了 5% 的熔断阈值，复盘后，市场交易仅持续一分钟便再次触发 7% 的熔断阈值，致全天闭市，市场当日总交易时长不足 30 分钟。熔断机制于 1 月 8 日被中国证监管会暂停实施，仅存活了 7 天。熔断机制风波充分凸显了我国证券市场监管机构在认知影响市场波动的因素及市场运行规律上存在严重不足，政策制定缺乏合理的科学依据，从而险些导致系统性风险爆发[②]。实际上，各国政府在许多重大经济政策的决断上，都缺乏对复杂经济运行体背后的运行机制和发展规律的深入理解，最终导致决策的失误。牛津大学 Doyne Farmer 教授等 2009 年于《自然》杂志上发表文章，明确指出"美国奥巴马政府的政策失误源于对复杂经济运作机制的认知不足，没能科学地应用智能计算模型去捕捉和分析经济规律的运作本质，从而无法制定出合理的政策"（Farmer and Foley，2009）。因此，如何真正理解我国证券市场微观结构和内在运行机理，有效分析和捕捉影响证券市场波动的本质因

[①] 磁吸效应假说（Magnetism Hypothesis）由 Subrahmanyam（1994）提出，假说认为熔断机制的存在会放大交易者的恐慌心理，当极端市场价格接近预先设定的价格阈值时，熔断机制会诱导市场参与者减仓或提前退出市场，从而加剧证券价格的颓势，造成更剧烈的极端价格波动，将证券价格快速推向触发熔断的阈值。

[②] 2016 年 1 月 21 日，在瑞士达沃斯论坛上，中国证监会副主席方星海接受了 CNN 记者 Richard 的短时访谈，他勇敢、直率地承认，熔断机制"不是一个适合中国市场的决策"。

素，并对复杂的证券市场运行过程进行合理建模，从而洞悉复杂且动态变化的市场运行全貌，是资本市场波动风险研究面临的一个巨大挑战，其对政策制定者、上市公司、及所有市场参与者而言都至关重要。

事实上，证券市场是一个复杂的动态系统，其波动受到各种因素的共同影响。在传统金融学研究中，证券市场的波动通常被诠释为资产价格围绕宏观经济运行态势、行业和企业基本情况等基本面信息[①]在一定范围内产生波动。有效市场假说（Efficient Market Hypothesis，EMH）指出，只要证券市场具有弱式有效性（Weak Form Efficiency），证券价格的波动即遵循随机漫步理论（Random Walk Theory），资产价格反映了理性的投资者对资产未来价值的合理现值的期望（Fama，1965；Fama et al.，1969；Malkiel and Fama，1970；Samuelson，1965）。具体而言，Sharpe（1964）、Lintner（1965）和 Mossin（1966）认为，资产的预期超额收益率由市场组合的预期超额收益率和市场风险决定。Ross（1976）提出套利定价理论（Arbitrage Pricing Theory，APT），进一步指出资产组合的预期收益率不仅由组合内风险决定，还受到各种外部宏微观因素的影响。诺贝尔经济学奖获得者尤金·砝玛（Eugene F. Fama）等进一步将资产波动的影响因子归结为市场超额回报率、公司账面市值比、市值大小、公司盈利能力，以及公司投资情况（Fama and French，1993，2015）。然而，有效市场假说是以"理性投资者假设""随机游走假说"和"套利定价理论"为前提的。在现实的资本市场中，上述假设难以完全成立，有效市场假说因而无法有效解释诸如动量效应、反转效应、季节效应、赢家输家效应、联动效应等一系列资本市场波动异象（Brennan, et al., 1998；Brennan, et al., 1993；Chan, et al., 1996；De Bondt and Thaler, 1985；Huberman and Regev, 2001；Rashes, 2001）。因此，影响证券市场波动的因素仍亟待探寻。

现代行为金融学从"非理性投资者"（De Long, et al., 1990；Shleifer

---

① 基本面信息是指对宏观经济、行业和公司基本情况的分析，包括宏观经济运行态势、行业基本情况，以及企业财务状况、盈利状况、市场占有率、经营管理体制、人才构成等各个方面。

and Vishny，1997）的角度出发，认为投资者的认知偏差（cognitive bias）和有限理性会导致情绪化的投资行为，从而引起资产价格呈现出与其基本面信息无关的波动异象（De Long, et al., 1990; Green and Jame, 2013; Hirshleifer, et al., 2018; Hirshleifer, et al., 2009; Huberman and Regev, 2001; Roll, 1988; Shiller, 2003）。随着互联网时代的到来，媒体信息通过网络广泛传播，对证券市场波动产生了强烈的冲击，逐渐成为引起投资者"非理性行为"的主导因素，并被主流金融学认可（Calomiris and Mamaysky, 2019; Das and Chen, 2007; Engelberg and Parsons, 2011; Fang and Peress, 2009; Loughran and McDonald, 2011）。其中，最具代表性的研究成果是 Tetlcock 在金融学期刊 Journal of Finance 上连续发表的两篇研究论文。Tetlock（2007）和 Tetlock, et al.（2008）通过对 20 年的《华尔街日报》的新闻内容进行分析，开创性地论证了运用新闻内容捕捉投资者非理性行为对相关资产价格波动影响的有效性。Calomiris and Mamaysky（2019）在金融学期刊 Journal of Financial Economics 上发表论文，通过对 51 个国家的证券市场的检验，发现分析财经新闻中包含的信息，能够有效预判一个国家证券市场的未来发展趋势，进一步奠定了媒体信息对证券市场波动影响的理论与实证基础。

上述研究清晰地刻画了各类风险因素与预期收益率之间的关系，为真正认知证券市场波动提供了理论依据和方法指导。但是，这些研究都是从企业自身出发的，以单个资产的视角解释不同风险因素如何影响一个企业的资本成本（cost of capital）和预期收益率（expected return）的问题，忽略了资产之间的关联关系对不同资产预期收益率的影响作用。事实上，资本市场涵盖了多样资产和各类市场参与者，是一个复杂且不断变化的综合系统。在这个系统中，各个企业之间因其内在价值的关联性、公司之间的合作与竞争、投资者对不同资产的认知和比较，以及市场监管部门的监管需求而产生不同类别的关联，构成了一个复杂而动态变化的企业关联网络。在这个企业网络中，某一节点（企业）在市场运行过程中的变化，会对与之关联的企业产生不同程度的影响作用（Ahern and Harford, 2014），忽视企业之间的关联关系对资产价格波动的影响无疑扭曲了对真实资产价格运行机理的认知与理解。

值得庆幸的是，近十几年来，越来越多的金融学研究成果指出，企业之间的关联关系是影响资产价格波动的重要因素（Ahern and Harford，2014；Anton and Polk，2014；Cohen and Frazzini，2008；Xing, et al.，2019）。金融学相关研究成果表明，不同企业证券资产之间的波动会因其所属行业、规模、公司业务活动、公司所在地，甚至证券名称或证券代码的相似性而呈现出不同程度的联动现象（Anton and Polk，2014；Boyer，2011；Claessens and Yafeh，2013；Greenwood，2008；Kumar, et al.，2013；Liu, et al.，2015；Pirinsky and Wang，2006；Rashes，2001）。例如，Rashes（2001）发现，股票名称相似的公司之间的股票收益率具有显著的正相关性，这些公司除股票名称外似乎没有其他共同点。Pirinsky and Wang（2006）指出，总部位于同一地理区域的公司的股票收益会表现出很强的联动性，一旦公司的总部发生变化，这个公司的股票收益会呈现出与新所在地相同的公司股票收益间的关联关系增加，而与旧的所在地相同的公司之间的关联关系减少的现象。Anton and Polk（2014）指出，被相同公募基金持有的股票，其收益之间会表现出明显的相关性，股票间这种基于所有权的关联关系会引起价格错位，造成股票价格波动的联动，甚至引起恐慌性的传播。

随着越来越多的研究聚焦于发掘不同企业的资产价格波动在同一时期表现出的联动效应，金融学研究开始将目光投掷于探究企业关联关系对资产价格或收益率波动产生影响的作用机理和内在机制。金融学最新的研究成果表明，基于有限注意力假设（Limited Attention Hypothesis），市场参与者具有有限注意力，致使某些具有关联关系的企业资产收益率之间存在领先滞后效应（Lead-lag Effects）。也就是说，一个企业的证券资产收益率在过去的表现会对与该企业相关联的其他企业的资产预期收益率产生预测作用，相关企业的资产收益率之间因而会表现出跨期的领先滞后效应。事实上，最早探究资产收益率之间的这种领先滞后效应的研究是Moskowitz和

Gribblatt 于 1999 年在金融学期刊 *Journal of Finance* 上发表的文章，该研究指出同一行业的股票预期收益率之间具有较强的领先滞后效应（Moskowitz and Grinblatt，1999）。Cohen 和 Frazzint 2008 年在 *Journal of Finance* 上发表文章进一步阐释了这种领先滞后效应，该研究根据企业间的供应链关系将不同企业关联起来，发现当一家企业受到新信息的冲击时，与该企业相关联的其他企业的股票预期收益率会受到该企业股票收益率波动的影响（Cohen and Frazzini，2008）。Menzly and Ozbas（2010）也指出，由供应链关联起来的企业股票收益率之间具有相互预测的能力。Lee, et al.（2019）根据企业之间的技术亲密程度定义相关企业，并指出通过技术亲密程度关联起来的企业的股票收益率之间具有很强的可预测性，该研究成果于 2019 年发表于金融学期刊 *Journal of Financial Economics*。Parsons 等于 2020 年在金融学期刊 *Review of Financial Studies* 上发表文章，根据地理位置的相似性将总部位于同一地区的企业关联起来，指出同一城市不同行业的企业未来收益率之间具有显著的相互影响作用，运用这种关联关系构建的多空投资组合的月平均收益高达 42 个基本点（Parsons, et al.，2020）。

尽管这些研究都证明了企业之间的某种关联关系对资产价格波动具有重要的影响作用，却没有证据能够阐明企业之间的哪一种关联关系是影响资产价格波动最为有效的主导因素。究其原因，这主要是由证券市场本身的复杂特性决定的。事实上，证券市场是一个随时间发展而动态演进和连续变化的复杂系统，上市公司或其证券资产之间具有复杂、多样，且随时间和市场运行状态而动态变化的关联特性（Hochberg, et al.，2007）。这将不可避免地引发两方面的问题：

一方面，由于上市公司（或上市公司的证券资产）之间可能存在多种关联属性，基于不同关联属性建立的关联关系对证券资产价格波动的影响作用存在差异，在众多的企业关联关系中，哪种关系更为有效，亦或之哪种关系更具代表性和影响力值得商榷，其对深入理解证券市场微观结构及内在运行机理、有效分析和捕捉影响证券市场波动的本质因素具有重要意义。

令人兴奋的是，行为金融学领域著名教授 Hirshleifer 与其合作者于 2020 年在金融学期刊 Journal of Financial Economics 上发表文章，通过分析师共同提及（Shared Analyst Coverage）关系将上市公司关联起来，指出上市公司之间依据是否被分析师共同提及而建立的关联关系是上述各种关联关系的综合表达和本质因素（Ali and Hirshleifer, 2020），这种关系对资产收益率的波动具有显著的领先滞后效应。更进一步地，考虑分析师共同提及的关联关系后，其他关联关系引起的资产收益率之间的领先滞后效应将不再显著，或对资产收益率产生负向的影响作用。Ali and Hirshleifer（2020）将相关企业资产收益率之间的这种领先滞后效应称为动量溢出效应（Momentum Spillover Effects）。该研究一定程度上实现了实证资产定价研究领域的重要突破。

然而，该研究的论述是以具有基本面相似性或关联性①（fundamental similarities or linkages）的企业为基本前提的，企业的基本面关联越紧密，基于分析师共同提及持有的动量溢出效应就越明显。也就是说，通过分析师共同提及关联捕捉的动量溢出效应是针对具有基本面关联的企业而言的，并没有将那些依据投资者行为或其他非基本面因素建立起来的企业关联纳入在内。基于分析师共同提及的关联有效性建立在证券分析师依据其所在领域的专业知识对具有基本面关联的企业做出判断，所得智识进一步被有限注意力和反应迟缓的投资者所吸收，因而使得相关资产收益率之间表现出领先滞后的跨期预测效应。事实上，Ali and Hirshleifer（2020）的研究结论指出，分析师和投资者都是有限理性且存在认知偏见的，他们的有限注意力和反应迟滞是导致资产收益率之间存在领先滞后效应的原因。由此可知，即便是具备专业知识的分析师，也会因其所在领域不同而受到认知局限和有限注意力的影响，从而无法迅速且全面地理解和把握资产价格波动的本质规律。在真实的市场运行过程中，市场参与者不仅无法清晰而

---

① 根据 Ali and Hirshleifer（2020），企业之间的基本面关联关系包括行业关联、供应链关联、地域关联，或技术亲密程度等与企业基本面情况相关的关联关系。

全面地认知企业之间因各类基本面相似性而交织关联起来的复杂关系，还会受到非理性因素的影响而对企业之间的关联关系产生误判。如何构建一个合理的企业关系代理变量，使其既能概括地表征上市企业之间的各类基本面关联关系，又能反映因有限理性市场参与者的认知偏差和有限注意力等非理性因素引发的其他非基本面关联，是真正理解驱动资产收益率波动并产生动量溢出效应的关键，也是本书的重点和难点所在，其有助于理解和感知市场波动的本质规律。

另一方面，证券市场是随时间推移而动态演进和连续变化的真实交易场所，上市公司或其证券资产之间各种关联关系的影响效用和关联强弱会随着时间的推移，以及市场在不同时期的运行状态而动态变化。纵使企业之间的某种关联关系在某一时期对资产价格波动具有显著的影响，这种关联关系及其影响作用也可能随着市场的动态发展和新信息的产生而改变。事实上，不同市场运行时期，企业之间各种关联关系的重要程度和影响力不同，某一关联的影响作用极有可能伴随市场的发展变化而加强、减弱甚至消失。正如市场极端运行时期或股灾发生时，上市公司之间原有的某些关联关系的影响作用可能会被削弱，而因其他原因或偶发狂热因素建立起来的关联关系的影响会在事件发生时期得到加强（Xing, et al., 2019），从而难以用某一种关联关系来代表上市公司在市场未来运行过程中的关联状态。如何将企业之间的多种关系进行融合，并捕捉企业之间的各种关联关系在不同市场运行状态下对企业资产价格波动的动态影响和综合作用，特别是实时且动态地捕捉基于多种企业关联的综合动量溢出效应，是金融资产定价领域亟待研究的一个难题，其对深入理解证券市场微观结构及其内在运行机理具有重要作用。

基于此，本书对中国证券市场中上市企业之间的关联关系及其证券资产之间的动量溢出效应展开研究，旨在解决如下三个问题：第一，在真实的市场中，企业之间存在多种关联关系，其资产价格的波动会受到各种关联关系的共同影响，只考虑企业之间某种关联关系不足以理解资产价格波动的实质。现有研究构建的企业关系代理变量仅针对具有基本面关联的企业，并没有考虑到投资者行为或其他非基本面因素引起的企业关联关系对资产价格波动的影响作用。能否找到一种合理的企业关联关系，使其既能概括地表征中国上市企业之间的各类基本面关联关系，又能反映由有限理性市场参与者的认知偏差和有限注意力等非理性因素引发的其他非基本面关联。第二，如果得以找到这种企业关联关系，如何构建基于此关系的企业关系代理变量，从而科学地表征企业之间关联状态，并进一步验证基于该企业关系代理变量的动量溢出效应的存在性、有效性和稳健性。特别的，如何论证基于该关联的动量溢出效应相较于现有的企业关联引起的动量溢出效应而言更加有效。第三，企业之间的各种关联关系是随着市场的运行和发展动态变化的，不同市场运行时期，企业之间各种关联关系的重要程度和影响力不同，用静态且单一的眼光理解企业之间的关联关系不能正确认知市场的微观结构和内在运行机理。如何将企业之间的多种关系进行融合，捕捉企业之间的各种关联关系在不同市场运行状态下对企业资产价格波动的动态影响和综合作用，特别是实时且动态地捕捉基于多种企业关联的综合动量溢出效应值得深思。

针对第一个问题，基于行为金融学的有限注意力假设，以及证券市场媒体效应研究的理论与实证成果，本书创新性地提出基于媒体关联建立企业关联关系的思想，系统地论证了以该思想为指导发掘的企业关联关系的独特性、合理性和有效性。在本书中，企业的媒体关联是指上市企业通过媒体信息建立的关联关系。具体而言，如果一篇媒体新闻报道中同时提及了任意两家上市企业，则认为这两家企业之间具有关联关系。两家企业在某一段时间内被新闻共同报道的频率代表这两家企业关联关系的强度。利用本书开发的定向网络抓爬器从 12 个主流的中国财经新闻网站爬取的 42 735 篇新闻构建基于媒体关联的企业关系网络，并验证该企业网络中直接相连的企业之间的关联关系在不同市场运行时期的关联性。本书指出，基于媒体新闻共同报道构建企业的关联关系不仅能捕捉新闻事实，反映企业间基本面关联关系，而且能捕捉投资者行为，反映投资者有限理性和有限注意力可能引发的非理性因素。

本书认为，基于媒体新闻共同报道建立的企业关联关系是企业之间内在关联的有效表达，其合理性、独特性及优越性在于：①新闻是所有信息的综合反映（Calomiris and Mamaysky，2019；Tetlock，2007）。新闻内容既包含宏观经济运行态势、行业和企业基本情况等基本面信息，又包含经济政策、专家意见、投资者情绪、企业业务活动、CEO个人特质，甚至投资者恐慌情绪等一系列与企业基本面无关的信息。依据行为金融学的研究成果，证券市场存在媒体效应，新闻信息的发布、传播和吸收会对有限理性的投资者的投资行为和情绪产生影响，进而影响投资者的投资决策。一方面，有限理性的投资者可能会对被新闻共同报道的企业特别留意，诱发过度反应；另一方面，投资者受有限注意力的影响，可能会放大被新闻共同报道的企业之间的关联关系，忽略关注企业与其他企业之间的关联关系。②新闻报道包含的信息相较于分析师报告而言更全面。与Ali and Hirshleifer（2020）提出的基于分析师共同提及的企业关系相比，本书提出的基于新闻共同报道的企业关系既涵盖了企业的基本面关联关系，又捕捉了企业之间除基本面信息之外的其他关联关系。事实上，基于分析师共同提及的关联有效性建立在证券分析师依据其所在领域的专业知识对具有基本面关联的企业做出判断，所得智识进一步被有限注意力和反应迟缓的投资者所吸收，因而使得相关资产收益率之间表现出领先滞后的跨期预测效应。然而，分析师和投资者都是有限理性且存在认知偏见的，他们的有限注意力和反应迟滞是导致资产收益率之间存在领先滞后效应的原因。即便是具备专业知识的分析师，也会因其所在领域不同而受到认知局限和有限注意力的影响，从而无法迅速且全面地理解和把握资产价格波动的本质规律。在真实的市场运行过程中，市场参与者不仅无法清晰而全面地认知企业之间因各类基本面相似性而交织关联起来的复杂关联关系，还会受到非理性因素的影响而对企业之间的关联关系产生误判。③新闻报道具有及时性和便捷性，其受众更广泛，对市场参与者的影响力更强，故而更容易对具有有限注意力的市场参与者产生影响。

针对第二个问题，首先，本书构建了一个基于媒体关联的企业关联关系代理变量，实现了对企业之间关联状态的科学表征。该企业关系代理变量是对两个关联企业的唯一标识，能够明确地衡量两个企业之间关联关系的强弱；接着，在构建企业关系代理变量的基础上，进行实证资产定价分析和检验，验证基于媒体关联的企业资产预期收益率之间是否存在动量溢出效应。具体而言，本书参照现有相关研究的做法（Ali and Hirshleifer，2020；Cohen and Frazzini，2008；Lee，et al.，2019；Parsons，et al.，2020），以 Fama-French 五因子模型为基准，加入基于媒体关联的企业关联关系代理变量，并进一步考虑固定效应的影响，进行个体固定效应和时间固定效应检验，控制不同股票间被遗漏或不可观测的异质性，以及不同时间段的影响作用，以验证基于媒体关联的企业资产预期收益率之间的动量溢出效应。进一步地，本书验证了基于媒体关联的企业资产收益率之间的动量溢出效应在不同市场运行时期的有效性和稳健性。结论表明，即便是在市场极端运行时期，基于媒体关联的动量溢出效应仍然存在。特别地，本书验证了 2015 年中国股灾期间基于媒体关联的动量溢出效应存在性、有效性和稳健性。最后，本书将基于媒体关联的企业关系代理变量与现有研究提出的企业关系代理变量进行对比，发现本书构建的基于媒体关联的企业关系代理变量无论是在实证资产定价检验，还是基于深度学习模型的预测结果中，都具有最好的表现。上述研究结论为深入理解我国证券市场微观结构和内在运行机理提供了参考，为实证资产定价研究的发展提供了中国证券市场的证据。

针对第三个问题，考虑到引起动量溢出效应的企业关联关系是复杂多变的，为了弥补传统计量方法无法有效捕捉基于复杂关系的动态传导和溢出作用的局限，本书创新性地提出了一个面向动量溢出效应的自适应动态图神经网络算法（Self-adaptive Graph Neural Network，SA-GNN），将企业间多种关系进行融合，并动态地捕捉不同市场运行状态下，企业之间关联关系的重要程度的变化对资产价格波动的影响作用。特别是实时且动态地捕捉基于多种企业关联的综合的动量溢出效应，从而为理解和捕捉企业间关联在市场运行过程中对其资产价格或收益率变动的动态影响和综合作用提供基于智能计算的研究思路。具体而言，为了细致地捕捉企业关联关系在真实市场运行过程中的多样性和动态变化性，本书提出基于矩阵的门控机制（Matrix-based Gate Mechanism）来捕捉多种关联关系在当前市场状态中的重要性和影响程度的动态变化，并根据企业间各种关系在当前市场运行状态中的贡献程度融合所有关联关系，得到关联企业在当前市场运行过程中的综合关系，从而为捕捉关联企业之间的动量溢出效应架起桥梁。本章提出的基于门控机制的动态图神经网络算法实现了随市场运行和变化而实时动态地捕捉企业之间多种关联关系对资产价格波动的影响作用，有助于深入理解影响资产价格波动的本质因素。该算法奠定并拓展了深度学习方法在金融中应用的基础，有助于实时监控和动态捕捉证券市场波动规律，提升投资模型的盈利能力和预测效果，实现投资领域的突破。

更进一步地，为了精准地捕捉动量溢出效应对证券市场波动的影响，本书基于近代金融学理论成果，从"融合"的视角出发，创新性地提出了一个面向证券市场动量溢出效应的大数据风险分析框架（Momentum Spillover-aware Risk Analysis Framework，MSRAF），将影响市场波动的各类因素放入统一的框架，来探究和揭示多源异构（标量、向量、图结构）的市场信息对复杂经济系统的动态综合影响。该框架实现了对复杂的证券市场运行过程的合理建模，有助于洞悉复杂且动态变化的市场运行全貌，从而为政策制定者、上市公司以及所有市场参与者提供理论参考和决策支持。特别的，为了验证本书构建的面向证券市场波动的多源异构市场信息融合深度学习预测框架的有效性和通用性，本书同时对中国证券市场和美国证券市场展开分析。研究结论表明，本书构建的面向证券市场波动的多源异构市场信息融合深度学习预测框架不仅显著优于现有算法的表现，还具备通用性和拓展性，其对于中国证券市场和美国证券市场都有效。另外，本书实现了数据集和核心算法的开源共享，旨在为真正理解我国证券市场微观结构和内在运行机理、有效分析和捕捉影响证券市场波动的本质因素提供参考。

1.1.2 研究意义

本书在现代金融学的理论框架下，探究基于媒体关联的企业关联关系对资产价格波动的影响作用。在论证基于媒体关联的动量溢出效应的存在性、有效性和稳健性的基础上，考虑到资本市场的复杂性和动态变化性，本书创新性地提出了一个面向动量溢出效应的自适应动态图神经网络算法，捕捉企业之间的多种关联关系在市场运行过程中对企业资产价格或收益率变动的动态影响和综合作用，旨在更细致地刻画动量在企业之间的转移和汇集过程。更进一步地，为了更精准地捕捉动量溢出效应对资产价格波动的影响，本书从"融合"的视角出发，创新性地提出了一个面向动量溢出效应的大数据风险分析框架，以探究各类异构市场信息对资产价格波动的合力影响，旨在为真正理解我国证券市场微观结构和内在运行机理、有效分析和捕捉影响证券市场波动的本质因素提供参考。本书实现了实证资产定价研究与深度学习技术在金融中应用的深度结合，研究的理论意义和实践意义如下所述：

（1）研究的理论意义

本书的理论意义主要包括以下三点：

第一，本书首次论证了中国证券市场存在动量溢出效应。

验证市场感知信息的有效性是资本市场定价研究数十年来的主题（Calomiris and Mamaysky, 2019）。金融学最新研究成果表明，资产价格波动会受到企业关联关系的影响，相关企业的资产收益率之间存在动量溢出效应，即一个企业的资产收益率在过去的表现会对与该企业相关联的其他企业的资产预期收益率产生跨期的预测作用（Cohen and Frazzini, 2008; Lee, et al., 2019; Menzly and Ozbas, 2010; Parsons, et al., 2020）。本书基于新闻共同报道，运用图论的思想，构建基于媒体关联的企业关系网络，并论证了中国证券市场中基于媒体关联的动量溢出效应的存在性、有效性和稳健性，为实证资产定价研究的发展提供了中国证券市场的证据。

第二，从大数据视角，论证了基于媒体关联的动量溢出效应在市场不同运行时期和运行状态下的存在性、有效性和稳健性,指出基于新闻共同报道建立的企业关联关系相较于现有研究中提出的反映企业基本面关联的关联关系更加有效。

资本市场涵盖多样资产和各类市场参与者,是一个复杂的动态系统。在这个市场中,各个企业之间因其内在价值的关联性、企业之间的合作与竞争、投资者对不同资产的认知和比较,以及市场监管部门的监管需求而产生不同类别的关联性,构成了一个复杂而动态变化的企业关联网络。如何找到一个合理的企业关系代理变量,以有效地衡量企业之间的内在关联关系,是探究企业关联关系对证券市场波动影响的关键,也是本书的重点和难点所在。现有的研究仅仅关注具有基本面相似性或关联性的企业关联关系对资产价格波动的影响作用,没有考虑投资者行为或其他非基本面因素引起的企业关联关系的影响。本书从大数据的视角出发,创新性地提出基于媒体新闻共同报道捕捉企业关联关系的思想,并系统地论证了以该思想为指导构建的企业关系代理变量的独特性和有效性,及其对证券市场波动的影响作用。本书指出,基于媒体新闻共同报道构建的企业关联关系既能反映企业之间的基本面关联,又能捕捉企业之间除基本面关联之外可能存在的受行为因素影响的其他关联关系。相较于现有研究提出的企业关联关系,本书构建的基于媒体关联的企业关系无论是在实证资产定价检验,还是基于深度学习模型的预测结果中,都具有很好的表现。

第三,导致动量溢出效应的企业关联关系是复杂多变的,即多种不同的企业关联关系相互共存,依据市场运行态势动态地调节其对动量溢出效应的影响程度。为了克服传统计量方法无法有效捕捉基于复杂关系的动态传导作用的局限性,本书创新性地提出了一个面向动量溢出效应的自适应动态图神经网络算法,旨在更细致地刻画动量在企业之间的转移和汇集作用,为探究动量溢出效应对证券市场波动风险的影响提供了一个基于智能计算的研究思路。

资本市场是一个复杂且不断变化的综合系统。在真实的市场中,各个企业之间存在不同类别的关联性,构成了一个复杂而动态变化的企业关联网络。一方面,现有的研究普遍基于企业间的某一种关系(如,企业之间的行业关系、供应链关系、地理位置、技术亲密性,或分析师共同提及等)将企业关联起来,不可避免地忽略了企业之间其余多种关联的影响作用,因而导致了研究的片面性。另一方面,资本市场是一个随时间发展而动态演进和连续变化的复杂系统,上市公司或其证券资产之间具有复杂、多样、随时间和市场运行状态而动态变化的关联特性。不同市场运行时期,企业之间各种关联关系的重要程度和影响力不同,用静态的眼光理解企业之间的关联关系无益于正确认知市场微观结构和内在运行机理。为了实时且动态地捕捉基于多种企业关联关系的动量溢出效应的影响作用,本书率先提出了一种基于门控机制的动态图神经网络算法,将企业间多种复杂关联进行融合,并动态地捕捉不同市场运行状态下,企业之间关联关系重要程度的变化对资产价格波动的影响,从而为理解和捕捉企业间多种关联关系在市场运行过程中对企业资产价格或收益率变动的动态影响和综合作用提供参考。本书是国际上率先运用深度学习算法捕捉证券市场动量溢出效应的研究之一,所提出的基于门控机制的自适应动态图神经网络算法奠定并拓展了深度学习技术在金融中应用的基础,实现了对证券市场波动的实时监控和动态捕捉,有助于提升投资模型的盈利能力和预测效果,为量化交易提供了一个新的思路,有助于实现投资领域的突破。

(2)研究的现实意义

本书的现实意义主要有以下两个方面:

第一,为了更细致且精准地捕捉动量溢出效应对证券市场波动的影响作用,本书从"融合"的视角出发,基于近代金融学理论成果,设计并构建了一个面向证券市场动量溢出效应的大数据风险分析框架,以揭示多源异构(标量、向量、图结构)的市场信息对复杂的经济系统的综合动态影响,从而为政策制定者、上市公司,及所有市场参与者提供理论参考和决策支持。

证券市场是一个复杂的动态系统,其波动受到各种因素的共同影响。近代金融学理论逐步确立了三大类影响市场波动的因素,即,数值表征的宏微观经济指标、文本向量表征的媒体信息、图表征的企业关联关系。传统的金融研究一直致力于解构证券市场波动的内在机理，由导致资产波动的原因出发，从市场运行环境、宏微观经济指标、政策变化、公司治理、投资者非理性情绪等多个视角，逐一探寻不同因素与资产价格波动的因果关联。然而，真实的市场波动是各种因素相互交融、共同作用的合力结果。忽略各类影响因素之间的交互作用便无法真正捕捉证券市场运行过程的全貌。本书从"融合"的视角出发，基于近代金融学理论成果，创新性地提出一个面向证券市场动量溢出效应的大数据风险分析框架，将引起市场波动的三大类因素放入统一的分析框架，聚焦于各类异构市场信息对资产价格波动的合力影响，以更细致且精准地捕捉动量溢出效应对证券市场波动的影响作用。该框架实现了对证券市场复杂运行过程的合理建模，有助于洞悉复杂且动态变化的市场运行过程的全貌，从而为政策制定者、上市公司及所有市场参与者提供理论参考和决策支持。对投资者而言，本书提出的基于媒体关联的动量溢出效应及智能交易策略，可以为投资决策的制定提供新的启发；对市场监管者而言，本书提出的面向动量溢出效应的大数据风险分析框架使得分析局部或整体市场波动风险有据可依，有助于实时监控市场运行状况，从而达到防范系统性风险的目的；对上司公司而言，基于本书的结论，一方面敏锐地关注与自身相关联的企业的运行状态是风险防控的关键，另一方面由于存在基于媒体关联的动量溢出效应，企业需要注意自身媒体形象管理，谨防无妄之灾的发生。特别地，为了验证本书构建的面向证券市场动量溢出效应的大数据风险分析框架的有效性和通用性，本书同时对中国证券市场和美国证券市场展开分析。研究结论表明，本书构建的面向证券市场动量溢出效应的大数据风险分析框架不仅显著优于现有算法的表现，还具备通用性和拓展性，其对于中国证券市场和美国证券市场同样有效。

第二，原创性数据与算法开源共享，为推动相关领域研究提供了可行性方案。

本书实现了原创性数据集和核心算法的开源共享，旨在进一步推动相关领域的研究。为了探究关联企业的动量溢出效应对资产价格波动的影响作用，进一步理解真实的市场运行状态，本书构建了一个面向中国证券市场的原创性数据集，其中涵盖三大类影响市场波动的因素，即宏微观经济指标数据、媒体文本信息数据（新闻内容、新闻情感等），以及企业关联关系数据（新闻共同报道关系、行业关系、分析师共同提及关系、供应链关系等）。另外，本书将所提出的面向证券市场动量溢出效应大数据风险分析框架的核心代码开源共享，旨在为该领域其他相关研究提供可行性方案。

1.2 研究思路、研究方法及全书结构

1.2.1 研究思路

认知影响市场波动的本质因素，揭示证券市场微观结构和内在运行机理，是金融学研究一直以来致力于阐释的主题。本书将实证资产定价研究与深度学习技术在金融中应用展开深度结合，构建了一套完整的研究系统。本书立足于信息时代的大背景，在现代金融学理论框架下，发掘影响资产价格波动的因素，揭示证券市场动量溢出效应的形成机理，细致地刻画动量溢出效应对关联企业的影响作用，并进一步为面向证券市场动量溢出效应的大数据智能计算风险分析提供解决方案，旨在通过发现问题、文献梳理、提出问题、分析问题、解决问题及应用与创新的研究思路，为真正理解我国证券市场微观结构和内在运行机理、有效分析和捕捉影响证券市场波动的本质因素提供参考。具体而言，本书的研究思路包括如下几个部分：

（1）立足于信息时代的大背景，深入认知证券市场运行状态并发现问题。

有价值的研究问题必然是对真实的市场运行状态和经济社会的宏观发

展态势探寻所得的问题。本书立足于信息时代的大背景,在深入认知证券市场运行状态的基础上发现问题,即互联网媒体新闻信息对资产价格波动的影响显著。特别地,众多现象表明,在市场运行过程中,被媒体新闻共同报道的企业的资产价格波动会表现出明显的关联关系。由此提出疑问,经常被媒体新闻共同报道的企业之间是否会表现出某种关联关系,并进一步对相关企业的资产价格波动产生影响?

(2) 系统梳理相关研究文献,确定本书的研究方向。

在初步认知和发现问题的基础上,本书对相关研究进行了系统性的梳理与归纳,相关研究文献的梳理主要包括以下几个方面:①证券市场波动相关理论,特别是行为金融学理论与资产价格波动研究;②企业关联关系与证券市场波动研究;③证券市场媒体效应研究;④面向证券市场波动的智能计算研究。通过对相关研究领域的系统梳理,本书确立了从实证资产定价研究的角度出发,基于行为金融学理论,以大数据的视角,探讨有限理性市场参与者的交易行为和认知偏差对证券市场波动的影响作用的研究思路。考虑到传统的计量经济模型无法有效捕捉和量化非线性因素对资产价格波动产生的复杂影响的桎梏,本书进一步运用深度学习方法,基于证券市场波动特性和运行规律,构建适应真实市场波动的量化智能计算模型和交易策略,从而为有效分析和捕捉影响证券市场波动的内在因素和本质规律提供参考。本书实现了实证资产定价研究与深度学习技术在金融中应用的深度结合。

(3) 提出问题,建立基于媒体关联的企业关系网络。

通过对现有文献的梳理可知,企业之间的关联关系对资产价格波动具有重要的影响作用,其有助于深入理解证券市场的微观结构和内在运行机理。然而,资本市场涵盖了多样资产和各类市场参与者,是一个复杂且不断变化的综合系统。如何找到一个合理的企业关联,以有效地衡量企业之间的内在关联关系,是探究企业关联关系对证券市场波动影响的关键,也是本书的重点和难点所在。基于此提出本书的研究问题,即企业的媒体关联能够有效表征企业之间关联关系。本书系统地论述了企业媒体关联的定义、理论基础、合理性及优越性。在此基础上，构建基于媒体关联的企业关系网络，并对该企业网络中关联企业的关联关系进行分析，初步验证了在所构建的基于媒体关联的企业网络中，相互连接的企业的股票价格具有显著的关联性。

（4）分析与解决问题，验证基于媒体关联的企业动量溢出效应。

本书在构建了基于媒体关联的企业关系网络的基础上，探究基于媒体关联的企业关联关系对资产价格或收益率波动产生影响的作用机理和内在机制。金融学最新研究成果发现，相关企业的资产收益率之间存在领先滞后效应，即一个企业的证券资产收益率在过去的表现会对与之关联的其他企业资产预期收益率具有跨期的预测作用。本书立足于实证资产定价研究的最新成果和研究方法，从大数据视角出发，论证了基于媒体关联的动量溢出效应在市场不同运行时期和运行状态下的存在性、合理性和稳健性，并将基于新闻共同报道建立的企业关联关系与现有研究中提出的反映企业基本面关联的企业关联关系进行对比，进一步论证了基于媒体关联的企业关联关系对资产价格波动的重要影响作用。

（5）进一步分析与解决问题，构建基于门控机制的自适应动态图神经网络模型（SA-GNN）。

基于金融学实证资产定价最新研究成果，以及本书的实证结果，本书进一步运用深度学习方法，深入分析动量溢出效应对资产价格波动的作用机理，捕捉并量化关联企业的动量溢出效应对资产价格波动的影响作用。事实上，资本市场涵盖了多样资产和各类市场参与者，是一个复杂且不断变化的综合系统。如何有效捕捉企业之间的各种关联关系在市场运行过程中对企业资产价格或收益率变动的动态影响和综合作用，是深入理解市场微观结构和内在运行机理的关键问题。传统的计量经济模型无法有效捕捉和量化这种非线性因素对资产波动的复杂影响。为了解决该问题，本书运用深度学习方法，构建基于门控机制的自适应动态图神经网络模型，将企业间多种关系进行融合，并动态地捕捉不同市场运行状态下企业之间关联关系的变化对股票价格波动的影响作用。

(6) 应用与创新，构建面向证券市场波动的多源异构市场信息融合深度学习预测框架（MSRAF）。

本书从"融合"的视角出发，基于近代金融学理论成果，创新性地提出面向证券市场波动的多源异构市场信息融合深度学习预测框架，将影响证券市场波动的三大类因素放入统一的分析框架，以探究各类异构市场信息对证券波动的合力影响，并根据该框架展开基于动量溢出效应的深度学习量化交易策略研究，从而进一步逼近真实的市场波动。该框架实现了对证券市场复杂运行过程的合理建模，有助于洞悉复杂且动态变化的市场运行全貌，从而为政策制定者、上市公司，及所有市场参与者提供理论参考和决策支持。

1.2.2 研究方法

本书将实证资产定价研究与深度学习技术在金融中应用展开深度结合，构建了一套完整的研究系统。本书涉及金融学、计算机科学、管理学、心理学等多个学科领域，所使用的研究方法主要包括：

（1）研究整合法（Research Synthesis Methods）

基于对真实的市场运行状态和经济社会宏观发展态势的观察，在初步认知和发现问题的基础上，本书通过收集、整理金融学、管理科学和计算机科学三个领域的相关文献，对实证资产定价研究和运用机器学习等计算机技术解决金融问题的相关研究进行了全面而系统的梳理与归纳，以期在科学地归纳和分析证券市场运行机理、引起资产价格波动的本质因素、证券市场媒体效应及市场参与者的有限注意力和认知偏差对证券市场波动影响的基础上，提出本书的研究问题。本书从实证资产定价研究这个金融学研究领域永恒的主题出发，基于行为金融学理论，以大数据的视角探讨有限理性市场参与者的交易行为和认知偏差对证券市场波动的影响作用。考虑到传统的计量经济模型无法有效捕捉和量化非线性因素对资产价格波动的复杂影响的桎梏，本书进一步运用深度学习方法，基于证券市场波动特性和运行规律，构建适应市场真实波动的量化智能计算模型和交易策略，从而为有效分析和捕捉影响证券市场波动的内在因素和本质规律提供参考。本书实现了实证资产定价研究与深度学习技术在金融中应用的深度结合。

(2) 大数据分析法

随着信息技术的飞速发展，海量数据以数量大、类型多、传输速度快、具有价值且更真实的特性呈现，传统的数据分析方法已经无法快速有效地处理千万量级且结构各异的数据。本书聚焦于证券市场的复杂特性，运用大数据分析技术，针对不同数据源的结构特性构建相应的数据获取与处理方法。对于涉及上市企业的海量新闻，本书开发了具有针对性的分布式多线程定向网络抓爬引擎，可以快速地自动爬取、筛选并分类存储相关新闻内容。对于企业关联关系的建立，本书基于自然语言处理技术和社会网络分析方法，提取新闻中涉及企业关联的关键词并构建企业关系网络，设定阈值筛选最优的企业关系网络。本书运用大数据分析法获取并处理与证券市场复杂特性相关的海量异构数据，极大地提高了数据处理和分析的速度，捕捉了数据的特性，保证了本书结论的科学性、准确性和可复现性。

(3) 实证分析法

实证分析法是金融学研究领域的重要指导方法，其着眼于当前社会现实，以观察到的经济社会现象为依据，运用一系列分析工具，探究经济社会运行的影响因素和本质规律。本书立足于信息时代的大背景，以实证资产定价研究方法为指导，在对真实的市场运行状态和经济社会的宏观发展态势进行深入分析的基础上，发现问题、提出问题并解决问题。本书论证了基于媒体关联的动量溢出效应在市场不同运行时期和运行状态下的存在性、合理性和稳健性，并对基于新闻共同报道建立的企业关联关系与现有研究中提出的反映企业基本面关联的企业关联关系进行对比，进一步论证了基于媒体关联的企业关联关系对资产价格波动的重要影响作用。

(4) 跨学科分析法

本书实现了实证资产定价研究与深度学习技术在金融中应用的深度结

合。针对证券市场的复杂特性，本书从实证资产定价研究的角度出发，基于行为金融学理论，以大数据的视角，探讨有限理性市场参与者的交易行为和认知偏差对证券市场波动的影响作用。考虑到传统计量经济模型无法有效捕捉和量化非线性因素对资产波动产生复杂影响的桎梏，本书进一步运用深度学习方法，基于证券市场波动特性和运行规律，构建适应市场真实波动的量化智能计算模型和交易策略，从而为有效分析并捕捉影响证券市场波动的内在因素和本质规律提供参考。

1.2.3 全书结构

从结构上看，本书由以下7个章节构成：

第1章 绪论。本章主要介绍本书的选题背景与研究意义、研究思路与方法、全书结构安排及主要创新点。

第2章 理论基础与文献综述。本章主要从证券市场波动相关理论，特别是行为金融学理论与资产价格波动研究、企业关联关系与证券市场波动研究、证券市场媒体效应研究（特别是阐述新闻对证券市场波动的影响），以及面向证券市场波动的智能计算研究四个方面对相关理论和文献进行了系统性的回顾和梳理。首先，本章回顾了证券市场波动的相关理论并评述相关理论的发展状态和面临的挑战，为研究奠定了坚实的理论基础；其次，对股票联动性与动量溢出效应研究相关的文献进行了系统的梳理和详细的探讨，厘清了企业关联关系在资本资产定价研究中的发展脉络和方向，旨在为深入探讨本书提出的问题，论证研究的可行性、合理性和必要性提供理论支撑；随后，详细回顾了媒体新闻信息与证券市场研究的相关重要文献，旨在为本书提出可行性与创新性的研究方法提供理论依据；最后，系统地梳理了面向证券市场波动的分析模型及相关应用，对比了数理统计模型、计量经济学模型及面向证券市场波动的智能计算模型在证券市场波动研究中的应用，旨在为运用量化智能计算模型解决金融问题的必要性和有效性提供理论依据。

第3章 媒体关联与企业关系网络构建。如何找到一个合理的企业关联，并有效地衡量企业之间的内在关联关系，是探究企业关联关系对证券市场波动影响的关键，也是本书的重点和难点所在。本章创新性地提出基于媒体新闻共同报道捕捉企业关联关系的思想，并系统地论证了以该思想为指导构建的企业关联关系的独特性和有效性，及相关企业资产价格波动的表现。本章详细论述了上市企业媒体关联的定义、合理性和理论基础，阐述了基于媒体关联构建企业关系网络的方法、媒体新闻数据的获取及预处理，并系统地分析了所构建的基于媒体关联的企业网络中关联企业之间在不同市场运行时期的相关性，尤其是验证了该企业网络中关联企业的股票价格在市场极端运行时期仍然存在高度相关性。

第 4 章 基于企业媒体关联网络的动量溢出效应分析。本章在构建了基于媒体关联的企业关系网络的基础上，探究了基于媒体关联的企业关联关系对资产价格或收益率波动产生影响的作用机理和内在机制。金融学最新研究成果发现，相关企业的资产收益率之间存在领先滞后效应，即一个企业的证券资产收益率在过去的表现对与其相关联的其他企业的资产预期收益率具有跨期的预测作用。本章立足于实证资产定价研究的最新成果和研究方法，从大数据视角出发，论证了基于媒体关联的动量溢出效应在市场不同运行时期和运行状态下的存在性、合理性和稳健性，并将基于新闻共同报道建立的企业关联关系与现有研究中提出的反映企业基本面关联的企业关联关系进行对比，进一步论证了基于媒体关联的企业关联关系对资产价格波动的重要作用，从而为深入理解我国证券市场微观结构和内在运行机理提供参考，为实证资产定价研究的发展提供中国证券市场的证据。本章是本书的关键点和核心论点。

第 5 章 面向动量溢出效应的深度图神经网络研究。基于金融学实证资产定价最新研究成果，以及本书第 3 至 4 章的实证结果，本章进一步运用深度学习方法，深入分析动量溢出效应对资产价格波动的作用机理，捕捉并量化关联企业的动量溢出效应对资产价格波动的影响作用。事实上，资本市场涵盖了多样资产和各类市场参与者，是一个复杂且不断变化的综合系统。如何有效捕捉企业之间的各种关联关系在市场运行过程中对资产价格或收益率变动的动态影响和综合作用，是深入理解市场微观结构和内在运行机理的关键问题。传统的计量经济学模型无法有效捕捉和量化这种非线性因素对资产波动的复杂影响。为了解决该问题，本章构建了一个基于门控机制的自适应动态图神经网络模型，将企业间多种关系进行融合，并动态地捕捉不同市场运行状态下，企业之间关联关系的变化对股票价格波动的影响作用。

第 6 章 面向证券市场动量溢出效应的大数据风险分析框架。证券市场是一个复杂的动态系统，其波动一定是各种因素相互交融、共同作用的合力结果。忽略各类影响市场波动的因素之间的交互作用便无法捕捉证券市场运行过程的全貌。基于此，本章从"融合"的视角出发，基于近代金融学理论成果，创新性地提出面向证券市场动量溢出效应的大数据风险分析预测框架，将影响证券市场波动的三大类因素放入统一的分析框架，以探究各类异构市场信息对证券波动的合力影响。同时，根据该框架展开基于动量溢出效应的深度学习量化交易策略研究，从而进一步逼近真实市场波动。该框架实现了对证券市场复杂运行过程的合理建模，有助于洞悉复杂且动态变化的市场运行全貌，从而为政策制定者、上市公司及所有市场参与者提供理论参考和决策支持。

第 7 章 总结、不足与未来展望。本章将从整体上对本书的研究内容及研究成果进行系统的梳理、回顾与总结；对研究过程中遇到的问题及本书存在的不足进行深入的分析与反思；对实证资产定价研究与智能计算模型在金融中应用的关系、变革和未来创新进行开放性的探讨；在此基础上，对未来的研究工作进行展望。

1.3 本书的创新点

本书的主要创新点包括以下三个方面：

创新点 1：从大数据的视角，通过定量化分析，首次论证了中国证券市场存在基于媒体关联的动量溢出效应。相较于现有研究中提出的反映企业基本面关联的企业关联关系而言，基于媒体关联的企业关联关系能够更加有效地捕捉企业之间的动量溢出效应。

金融学最新研究成果表明，相关企业的资产收益率之间存在动量溢出效应，即一个企业的证券资产收益率在过去的表现会对与该企业相关联的其他企业的资产预期收益率产生跨期的预测作用。本书运用图论的思想，基于新闻共同报道构建企业关联关系，论证了中国证券市场中基于媒体关联的动量溢出效应的存在性、有效性和稳健性，为实证资产定价研究的发展提供了中国证券市场的证据。本书从大数据的视角出发，创新性地提出基于媒体新闻共同报道捕捉企业关联关系的思想，并系统地论证了以该思想为指导构建的企业关系代理变量的独特性和有效性，及其对证券市场波动的影响作用。本书指出，基于媒体新闻共同报道构建的企业关联关系既能反映企业之间的基本面关联，又能捕捉企业之间除基本面关联之外可能存在的受行为因素影响的其他关联关系。相较于现有研究捕捉的企业关联关系，本书构建的基于媒体关联的企业关系无论是在实证资产定价检验，还是基于深度学习模型的预测结果中，都具有很好的表现。

创新点2：导致动量溢出效应的企业关联关系是复杂多变的，即多种不同的企业关联关系相互共存，依据市场运行态势动态地调节其对动量溢出效应的影响程度。为了克服传统计量方法无法有效捕捉基于复杂关系的动态传导和溢出作用的局限性，本书创新性地提出了一个面向动量溢出效应的自适应动态图神经网络算法，以细致地刻画动量在企业之间的转移和汇集作用，从而为探究动量溢出效应对证券市场波动风险的影响提供了一个基于智能计算的研究思路。

资本市场涵盖了多样资产和各类市场参与者，是一个复杂且不断变化的综合系统。传统的研究普遍从企业自身出发，以资产自身的视角解释不同的风险因素如何影响一个企业的资本成本和预期收益率的问题，忽略了资产之间的关联关系对不同资产价格波动的影响作用。本书在验证了中国证券市场存在基于媒体关联的动量溢出效应的基础上，为了实时且动态地捕捉基于多种企业关联关系的综合的动量溢出效应，率先对传统的图神经网络算法做出改进，提出基于门控机制的动态图神经网络算法，对企业间多种关系进行融合，动态地捕捉不同市场运行状态下，企业之间关联关系重要程度的变化对资产价格波动的影响作用，从而为理解和捕捉企业之间的多种关联关系在市场运行过程中对企业资产价格或收益率变动的动态影响和综合作用提供参考。本研究是国际上率先将动量溢出效应引入基于深度学习的资产交易策略的研究之一，为量化投资提供了一个重要的思路。本书提出的基于门控机制的自适应动态图神经网络算法奠定并拓展了深度学习在金融中应用的基础，实现了对关联资产波动的实时监控和动态捕捉，有助于提升投资模型的预测效果和盈利能力，推动投资领域在投资策略和方法上实现突破。

创新点3：考虑到市场波动是各种影响因素交互融合、共同作用的合力结果，为了更细致且精准地捕捉动量溢出效应对证券市场波动的影响作用，本书创新性地提出了一个基于融合思想的智能计算大数据风险分析框架，以揭示多源异构（标量、向量、图结构）的市场信息对复杂经济系统的综合动态影响和综合作用，旨在为证券市场波动风险分析这个金融学经典命题探寻一个新的智能计算解决方案，推动学科研究范式的创新。

证券市场是一个复杂的动态系统，其波动受到各种因素的共同影响。近代金融学理论逐步确立了三大类影响市场波动的因素，即，数值表征的宏微观经济指标、文本向量表征的媒体信息和图表征的企业关联关系。传统的金融研究一直致力于"解构"证券市场波动的内在机理，由导致资产价格波动的原因出发，从市场运行环境、宏微观经济指标、政策变化、公司治理、投资者非理性情绪等多个视角，逐一探寻不同因素对资产价格波动的影响。然而，真实的市场波动是各种因素相互交融、共同作用的合力结果，忽略各类影响市场波动的因素之间的交互作用便无法捕捉证券市场运行过程的全貌。本书从"融合"的视角出发，基于近代金融学理论成果，创新性地提出面向动量溢出效应的多源异构市场信息融合深度学习预测框架，将影响证券市场波动的各类因素放入统一的分析框架，来探究各类异构市场信息对证券波动的合力影响，从而进一步逼近真实市场波动。该框架实现了对证券市场复杂运行过程的合理建模，有助于洞悉复杂且动态变化的市场运行过程的全貌，同时，本书对原创性数据集和核心算法开源共享，旨在为政策制定者、上市公司及所有市场参与者提供理论参考和决策支持。特别地，通过同时对中国证券市场和美国证券市场展开分析，验证了本书构建的面向证券市场波动的多源异构市场信息融合深度学习预测框架的有效性和通用性。

2　理论基础与文献综述

　　理解证券市场微观结构和内在运行机理，有效分析和捕捉影响市场波动的本质因素并对复杂的市场运动过程进行合理建模，以洞悉复杂而动态变化的市场运行全貌，是资本市场波动风险研究面临的一个巨大挑战。本书立足于大数据的视角，从实证资产定价和深度学习在金融中的应用两个角度，探究中国证券市场中基于媒体关联的动量溢出效应的存在性、有效性和稳健性。在验证中国证券市场中存在基于媒体关联的动量溢出效应的基础上，为了更细致地捕捉基于多种企业关联的动量溢出效应对资产波动的影响作用，本书将构建一个面向证券市场真实波动的智能计算分析框架，考虑多源异构的市场信息融合后的交互新特性对资产价格波动的影响。基于此，本章首先回顾证券市场波动的相关理论，评述相关理论的发展状态和面临的挑战，为本书奠定坚实的理论基础；其次，本章对股票联动性和动量溢出效应研究相关的文献进行系统的梳理和详细的探讨，厘清了企业关联关系在资本资产定价研究中的发展脉络和发展方向，旨在为深入探讨本书提出的问题，论证本书的可行性、合理性和必要性提供理论支撑；再次，本章详细回顾了媒体新闻信息与证券市场的相关重要研究文献，旨在为本书的方法可行性与创新性提供理论依据；最后，本章系统地梳理了面向证券市场波动的分析模型及相关应用，对比了数理统计模型与计量经济学模型，以及面向证券市场波动的智能计算模型在证券市场波动研究中的应用，旨在为运用量化智能计算模型解决金融问题的必要性和有效性提供理论依据。

2.1 证券市场波动相关理论

认知影响证券市场波动的本质因素，揭示市场微观结构和内在运行机理，是金融学研究一直以来致力于阐释的主题。然而，证券市场是一个复杂的动态系统，其波动受到各种因素的共同影响。迄今为止，还没有任何一种理论或方法能够完全阐释证券市场波动的内在运行机理和影响机制，这也成为推动金融学研究发展和理论革新的重要因素，体现了金融学研究的魅力所在。本小节从现代经典金融理论出发，梳理现代经典金融理论的逻辑架构、演进路径和理论缺陷；进一步引出行为金融学理论的理论基础、研究假设和关键问题，并在此基础上对证券市场波动相关理论做出评述，从而为本书奠定坚实的理论基础。

2.1.1 现代经典金融理论

现代经典金融理论始于20世纪50年代，指的是在金融经济学中应用数学方法研究金融风险防范与控制、资本市场运营、资本资产结构和定价等理论取得的研究成果，主要包括马科维茨投资组合理论（Markowitz, 1952）、MM定理（Modigliani and Miller, 1958）、资本资产定价理论（Lintner, 1965; Mossin, 1966; Sharpe, 1964）、有效市场理论（Fama, 1965; Fama, et al., 1969; Malkiel and Fama, 1970）、APT套利定价理论（Ross, 1976），以及无套利定价理论（Black and Scholes, 1973; Merton, 1973）。现代经典金融理论伴随金融市场的发展而不断成熟。

早期的金融理论界和实务界在相当长的时间内被如何确定合理的贴现率以估计资产未来现金流的现值，从而对资产进行有效定价的问题困扰。直到1952年，Markowitz在金融学顶级期刊 *Journal of Finance* 上发表题为《投资组合选择》一文，提出在投资者效用最大化的基础上，可以将复杂的投资决策问题简化为一个风险（回报率方差）和收益（回报率均值）的二维选择问题，即均值-方差分析模型：投资者在相同的期望回报率（均值）条件下，总是会选择风险（方差）最小的资产组合；在相同的投资风险（方差）下，总是会选择期望回报率（均值）最大的资产组合。这一思想从投资回报率中包含的风险因素出发，使用资产组合报酬的均值和方差这两个概念，从数学上明确地定义了投资者偏好，并以此为基础，提出马科维茨投资组合理论（Portfolio Theory），证明了资产组合的风险分散效应，系统地阐述了资产组合和选择问题。马克维茨投资组合理论的提出引发了金融学的第一次革命，其思想将金融理论发展带上了一条快车道，并深刻地改变了金融理论和实务界。自此，现代经典金融理论诞生。

随后，Modigliani 和 Miller 于 1958 年 6 月在经济学顶级期刊 *American Economic Review* 上发表文章，提出著名的 Modigliani-Miller 资本结构定理（MM 定理），即在完美的市场中企业的市场价值与资本结构无关；换言之，不完美市场（即真实世界）中存在的各种摩擦是公司资本结构的决定性因素（Modigliani and Miller, 1958）。MM 定理将无套利作为金融学的分析范式，证明了在一个无摩擦（不考虑税收、破产成本、信息不对称，且市场有效）的金融市场上，不存在零投资、零风险却能获取正收益的机会，因而被誉为金融学发展史上的一座里程碑，其对促使金融学真正发展成为一门成熟的学科具有重要意义。

然而，人们对风险如何影响一个公司的资本成本，进而如何影响一个公司的市场价值（期望回报率）仍旧没有清晰的认识。直到 20 世纪 60 年代，资本资产定价模型（Capital Asset Pricing Model，CAPM）问世，才清晰地描绘出风险和资产的期望回报率之间的关系。在 Markowitz 均值-方差模型的基础上，为了探究均衡状态下，即当投资者都采用马科维茨投资组合理论选择最优资产组合时，不同资产的期望回报率与风险之间的关系，以 Sharpe（1964）、Lintner（1965）和 Mossin（1966）为代表的经济学家们开始从实证的角度出发，提出了著名的资本资产定价模型。CAPM 阐述了在投资者都采用马科维茨投资组合理论管理资产的条件下市场均衡状态的形成，将均衡时不同资产的期望回报率和预期风险之间的关系用一个简单的线性关系表达出来。资本资产定价模型是在马克维茨均值方差分析模型基础上衍生的实证资产定价模型,其采用定量分析法替代定性分析法验证金融理论,给出了系统地确定资产贴现率(期望回报率)的方法,从而推动马科维茨投资组合理论在现实世界的应用迈进了一大步。

CAPM 明确且简单地将不同资产的期望回报率和风险因素关联起来,其作为均衡定价理论体系的起点,为资产定价构建了一个严谨的理论框架;但是,CAPM 只研究资产市场的均衡,而将资产市场所处的宏观经济环境当作外生给定。另外,CAPM 是一个只考虑单期决策问题的静态模型。如此,CAPM 便难以将资产价格和宏观经济运行中的各种因素实时关联起来,因而无法探究资产价格的最终决定因素。尽管有学者针对 CAPM 的上述两个问题进行改进,提出基于消费的资本资产定价模型(Consumption-based CAPM,C-CAPM),将 CAMP 模型置于一个基于更合理偏好假设的一般均衡定价理论体系中,以消费者偏好和禀赋分配为基本前提条件,求取所有资产的价格(Breeden,1979;Breeden,et al.,1989;Lucas Jr,1978);但是,从均值-方差分析到 CAPM,再到 C-CAPM 模型等均衡资产定价(equilibrium asset pricing)理论的最大弊端在于需要对消费者偏好和禀赋作出假设,因而无法在实践中应用(徐高,2018)。在实践中应用更为广泛的无套利定价(no-arbitrage asset pricing)理论随后蓬勃发展起来。

Ross 于 1976 年提出套利定价理论(Arbitrage Pricing Theory,APT),该理论是从均衡资产定价理论向无套利定价理论的过渡。APT 理论在 CAPM 的基础上加入无套利思想(即认为资产市场中应当不存在套利机会),进一步指出资产组合的预期收益率不仅由组合内风险决定,还由各种外部宏微观因素决定(Ross,1976)。多因子模型研究随之进入人们的视野,其旨在将能够影响资产回报率的其他共同因素纳入定价理论的框架。基于 APT 理论的思想,多因子模型声称当所有资产的期望回报率都由一组因子决定时,由于无套利,不同资产期望回报率之间会具有某种线性关系。多因子模型的开创性研究成果是由诺贝尔经济学奖获得者尤金·砝玛(Eugene F. Fama)及其合作者弗伦奇(Kenneth R. French)提出的三因子模型（Fama and French，1993），其将影响不同资产回报率的因子归结为市场组合的超额回报率、公司规模和账面价值。Carhart（1997）在三因子模型的基础上加入一年期收益动量因子，构造了四因素模型。Fama and French（2015）在随后的研究中进一步指出，公司盈利能力和投资情况也是影响资产回报率差异的重要因素，将三因子模型拓展为五因子模型。多因子模型在实证资产定价研究中得到了长足的发展。

虽然 APT 套利资产定价理论应用了无套利的思想，但其更多的是 CAPM 在逻辑上的自然延伸，与现代的无套利定价理论还有很大差距。无套利定价理论不像一般均衡理论那样试图从偏好和禀赋假设出发，从无到有地给所有资产定价，而是意在回答已知某些资产的价格后，如何给其他相关的资产定价的问题。无套利定价理论以资产市场中应当不存在套利机会为核心思想，无须对消费者偏好和禀赋做出特别的假设，因而能够较为精确地为资产定价并于实践中应用。Black and Scholes 于 1973 年提出布莱克-斯科尔斯公式，成为连续时间金融的基本理论框架的起源（Black and Scholes，1973）。Merton 则搭建了连续时间金融的基本理论框架（Merton，1973）。布莱克-斯科尔斯公式的提出引发了金融学的第二次革命。此后，无套利资产定价理论与金融行业携手共进，无套利资产定价理论的研究进展给金融行业发展带来了强劲推动力；反过来，金融行业的欣欣向荣也为无套利资产定价理论带来了广阔的应用空间，并进一步推动其发展，真正实现了金融理论与金融实践的相互促进和共同发展。

即便均衡定价理论和无套利定价理论的出发点和思想不同，它们之间却有着紧密的联系。只有透过均衡定价理论的视角，才能对无套利资产定价理论中的一些概念进行深层次的阐释。事实上，无论是均衡定价理论还是无套利定价理论，都是在理性的框架下讨论金融问题。均衡资产定价直接构筑于理性人假设之上；而无套利定价理论以理性人假设为必要条件，认为在激烈的市场竞争中，通过套利，不理性的人和行为会逐步被淘汰，从而使市场趋于理性。将上述逻辑应用于资产价格上，就意味着如果资产价格因市场中的非理性行为而偏离了其所对应的基本面价值，将产生无风险套利机会。理性的市场参与者抓住这个套利机会，在获得无风险回报的同时将资产价格推回基本面价值。因此，市场中资产的价格总是反映了其基本面价值。这就是著名的有效市场假说（Efficient Market Hypothesis，EMH）（Fama，1965；Fama, et al.，1969；Malkiel and Fama，1970）。

现代经典金融理论吸取了经济学研究思路的"理性范式"，并取得了巨大成功。但是，其是在理性的框架下，以"理性人假设""随机游走假说"和"无套利假设"为基本前提讨论金融问题的。在现实金融市场中，这些假设难以完全成立，使得现代经典金融理论无法解释证券市场中的各种异象，如动量效应、反转效应、季节效应、一月效应、联动效应等，这表明了现代经典金融理论的局限性，行为金融学理论因而得以兴起并蓬勃发展。

2.1.2 行为金融学理论

现代行为金融学（Modern Behavior Finance）兴起于20世纪80年代，其以心理学研究成果为基础，从"非理性投资者"的角度出发，分析投资者的各种交易行为和心理特征如何影响资产价格波动。行为金融学理论认为，资产的市场价格并非只由资产的内在价值所决定，投资者的有限理性和认知偏差（cognitive bias）会导致情绪化的投资行为，进而引起资产价格呈现出与其基本面信息无关的波动现象。行为金融理论是金融学、心理学、行为学、社会学和神经科学等多个学科交叉融合的综合理论。经济学家Shiller教授[①]于1981年发表论文，令人信服地证明了股价波动无法完全用红利变动来解释，股价中包含了大量非理性成分。随后，行为金融学研究提出了大量模型来解释这种非理性的决定因素。行为金融学对非理性因何存在的阐释大体上可以分为有限套利（limits to arbitrage）和认知偏差（cognitive bias）两个方面。

对于有限套利，行为金融学指出，市场中存在多种因素，诸如基本面

---

① Shiller教授于2013年获得诺贝尔经济学奖，是行为金融学研究的旗手和奠基者。

风险、交易机制、杠杆水平、交易技术及工具创新，以及噪声交易者等一系列因素，这有可能使得在现代经典金融理论中起到至关重要的作用的"套利"行为仅能在有限程度上展开，这种有限套利可能导致资产价格偏离基本面价值（De Long, et al., 1990; Shleifer and Vishny, 1997）。究其原因，对套利的限制主要源自以下三个方面：①基本面风险（fundamental risk）。当存在错误定价时，套利者在大多数情况下无法找到合适的替代品进行无风险对冲，从而使得套利者失去无风险获取回报的机会并面临基本面风险。②实施成本（implementation costs）。真实世界中的交易存在交易成本，如交易佣金、买卖价差、冲击成本等，更进一步的，在市场中搜寻并确认是否存在错误定价也需要成本，这些成本会妨碍套利行为的实施，致使资产错误定价长期存在。③噪声交易者风险（noise trader risk）。由于噪声交易者所引起的错误定价这种现象可能会在短期内进一步加剧，鉴于套利者能够动用的资金量不是有限的，为避免因资产错误定价加剧带来短期浮亏而被迫清算其持有的头寸，遭受巨大损失，套利者会在套利时受到限制，因而无法完全消除资产的错误定价，只能实现有限套利。

认知偏差是导致非理性的重要原因。心理学研究发现，在面对复杂问题时，受时间和认知能力的限制，人们无法对决策所需要的信息进行全面且有效的分析。在进行决策时，投资者倾向于利用经验法则做出判断，并受到过度自信、乐观主义、可得性、框架依赖、锚定和调整的影响，从而导致判断与真实情况不符，致使偏差产生。事实上，早在1937年，著名经济学家凯恩斯便将宏观经济波动归因于投资者所具有的"动物精神"（Animal Spirits），指出除了投机所造成的经济上的不稳定性之外，人类本性的特点也会造成不稳定性，人类抱有乐观情绪并积极行动，很大程度上源于动物本能，是影响投资决策的重要因素（Keynes, 1937）。Hirshleifer（2001）从启发式简化、自我欺骗和情绪，以及自我控制三个角度总结了各种偏差。大量研究指出，投资者非理性及认知偏差是影响证券市场波动的重要内因（Baker, et al., 2011; Baker and Wurgler, 2007; Barberis and Thaler, 2003; Shefrin, 2008; Shiller, 2003）。

迄今为止,行为金融学研究已取得长足的发展,其中较为重要的理论包括:前景理论(Prospect theory)、过度反应理论(Overaction theory)、过度自信理论(Overconfidence theory)、有限注意力理论(Limited attention)等。

前景理论又称为展望理论,其替代了传统金融学的期望效用最大化假设,是行为金融学研究的重要理论成果之一。前景理论由 Kahneman and Tversky(1979)提出,是基于心理学实验证据研究个体在面对风险时如何进行选择和决策的理论。Kahneman and Tversky(1979)认为,个人在不确定的环境下的选择与冯诺依曼-摩根斯坦最大化效用理论的基本原理不相符,主要表现为:①存在确定性效应(Certainty Effect),即和确定性的结果相比,个人在不确定情形下会低估可能发生的结果;②存在隔离效应(Isolation Effect),即当个体面临在多种前景中进行选择的问题时,会忽视不同前景的共性部分;③存在反射效应(Reflection Effect),即正负前景的绝对值相等时,在正负前景之间的选择呈现镜像关系。前景理论指出:①投资者不仅关注最终财富总量,更关注收益和损失。②投资者在遭受损失时是风险偏好的,在获得收益时是风险厌恶的。③对于等量的财富变化,损失给投资者造成的苦楚要大于盈利给投资者带来的快乐。④投资者的决策行为会因对前景的描述方法的差别而改变,一些无关紧要的情境或表意都可能导致人类行为的深刻差异。⑤投资者以往的投资结果会影响其从现在的盈利或损失中获得的效用。Thaler and Johnson(1990)指出,"赌场盈利效应(House Money Effect)"可能会促使泡沫加剧,因为投资者在获取一定利润后,其对于风险的容忍程度会极大地提升。Barberis, et al.(2001)认为,那些从自身财富价值波动中谋取效用的投资者,在一定程度上促成了股票市场回报率的过度波动。Tversky and Kahneman(1992)对前景理论进行扩充和完善,提出了累积前景理论(Cumulative Prospect Theory)。

过度反应理论和过度自信理论是行为金融学研究的重要理论成果。过度反应理论认为，投资者受情绪等一系列心里因素的影响，会在进行投资决策时形成自我驱动和自我加强的投资心理，从而导致市场的过度反应。实验心理学研究成果指出大多数个体在面对意想不到的戏剧性新闻事件时会产生过度反应，从而与贝叶斯法则（Bayes Rule）[①]相违背。De Bondt and Thaler（1985）尝试使用行为原理预测证券市场波动，并验证了证券市场波动存在过度反应。研究指出，当投资者在修正他们的信念时，倾向于高估近期发生的信息，而低估以前的或概率性的结果。此后，大量研究证明了投资者的这种过度反应行为是影响证券市场波动的重要因素（Chopra, et al., 1992; Daniel, et al., 1998; De Bondt and Thaler, 1990; Dessaint and Matray, 2017）。过度自信理论认为，投资者通常会过度相信自身的判断能力或所获私有信息的准确性，从而趋向于认为自己的决定比他人的决定更为理性或更加正确。行为金融学研究表明，过度自信是导致投资者过度交易和产生过高交易量的原因之一（Barber and Odean, 2000; Eyster, et al., 2019; Grinblatt and Keloharju, 2009）。

有限注意力理论是行为金融学研究的另一重要理论。认知学研究表明，人的大脑对信息的处理能力是有限的，由于认知限制（cognitive constraints）的存在，人脑无法及时地处理全部的信息，而偏好于应对最重要、最能引起注意的信息。这种认知限制又被称为有限注意力。心理学研究表明，投资者的有限注意力与以下三点有关：①信息的重要性；②投资者获取信息的渠道；③投资者处理信息的能力。Hirshleifer and Teoh（2003）阐释了信息的呈现方式和（或）上市公司选择披露信息的时机是如何影响投资者处理这些披露信息的能力的。DellaVigna and Pollet（2007）从人口结构变化和资产收益的关系出发，指出投资者存在有限注意力。大量研究运用投资者有限注意力解释盈余惯性（Post-Earnings Announcement Drift,

---

[①] 贝叶斯法则（Bayes Rule）是指当样本量接近总体时，样本中事件发生的概率将接近于总体中事件发生的概率。

PEAD)、动量效应（Momentum Effect）、领先滞后消效应①（Lead‐lag Effect）等股票市场异象（Ali and Hirshleifer，2020；Bernard and Thomas，1989，1990；Cohen and Frazzini，2008；Hirshleifer, et al.，2009；Hirshleifer, et al.，2011；Lee, et al.，2019；Parsons, et al.，2020）。

2.1.3 本节评述

现代经典金融理论以理性为经济分析的基本假设，在理性的框架下分析金融经济学的相关问题，认为在有效市场中，理性人会抓住一切套利机会，将不理性的人和行为逐出市场，在收获无风险回报的同时，促使市场向理性快速收敛。事实上，建立在冯诺依曼-摩根斯坦最大化效用框架下的传统主流金融学认为，投资决策和资产定价是理性的投资者基于贝叶斯法则对所有可得的信息评估权重的过程。然而，现代经典金融理论建立在一系列严苛的假设之上，真实的市场运行状况无法完全满足这些假设，从而使得真实的市场状况与代经典金融理论的有效市场假说出现背离。随着越来越多的异象无法得到完备的解释，有效市场假说备受质疑。

行为金融学理论便是在对有效市场假说进行持续而猛烈的攻击中发展起来的。行为金融学理论从市场无效的证据出发，旨在通过探究导致非理性的原因，理解市场波动的内在机制和本质因素。行为金融学的产生和发展为人类理解金融市场提供了一个崭新的视角，弥补了现代经典金融理论仅注重最优决策模型，片面地认为理性投资模型是决定资产价格变化的模型的不足。本书从实证资产定价研究的角度出发，基于行为金融学理论，考虑有限理性的投资者的交易行为和认知偏差对证券市场波动的影响作用，探究中国证券市场的有效性及影响证券市场波动的内在因素。

---

① 近年来，越来越多的研究开始关注引起领先滞后效应的原因，Ali and Hirshleifer（2020）于金融学期刊 *Journal of Financial Economics* 上发表文章，将领先滞后效应称为动量溢出效应（Momentum Spillover Effect），并指出分析师共同提及（Shared Analyst Coverage）是所有动量溢出效应的本质因素。

2.2 企业关联关系与证券市场波动研究

早期的金融学研究主要是从资产自身的视角出发的，解释不同风险因素如何影响一个企业的资本成本和预期收益率的问题，从而清晰地刻画了各类风险因素与资产价格或预期收益率之间的关系。然而，资本市场涵盖了多样资产和各类市场参与者，是一个复杂且不断变化的综合系统。在这个市场中，各个企业之间因其内在价值的关联性、公司之间的合作与竞争、投资者对不同资产的认知和比较，以及市场监管部门的监管需求而产生不同类别的关联性，构成了一个复杂而动态变化的企业关联网络。企业之间的关联关系无疑会对资产在市场中的表现产生重要影响。近十几年来，越来越多的金融学研究成果指出，企业之间的关联关系是影响资产价格波动的重要因素。企业关联关系对证券市场波动影响研究可以分为两大类，分别是：①以探究引起不同资产价格或收益率在同一时期呈现同涨同跌趋势的原因为主要目标的股票联动性研究；②以探究关联企业的资产预期收益率的领先滞后效应为主要目标的动量溢出效应研究。本小节以研究的时间脉络和发展进程为线索，详细梳理了企业之间的关联关系对证券市场波动影响研究的发展进程、研究现状和最新的研究成果，并在此基础上对股票联动性研究和动量溢出效应研究做出评述，从而为本书的研究内容、研究方法和研究创新性奠定坚实的基础。表2-1梳理了企业关联关系对证券市场波动影响研究的代表性成果。

表 2-1 基于关联类别的企业关联关系对证券市场波动影响研究

关联类别	文献	研究内容			测度单位	研究领域
		关联关系	市场			
基本面关联	Pindyck and Rotemberg (1993)	规模	42 companies		季	股票联动性
	Moskowitz and Grinblatt (1999)	行业	NYSE, AMEX, and NASDAQ		月	动量溢出效应
	Pirinsky and Wang (2006)	地域	NYSE, AMEX, and NASDAQ		月	股票联动性
	Cohen and Frazzini (2008)	供应链	NYSE, AMEX, and NASDAQ		月	动量溢出效应
	Menzly and Ozbas (2010)	供应链	NYSE		月	动量溢出效应
	Kumar, et al. (2013)	地域、拆股	U. S. market		日	股票联动性
	Dutt and Mihov (2013)	产业	35 emerging country markets		月	股票联动性
	Lee, et al. (2019)	技术亲密度	U. S. market		月	动量溢出效应
	Ali and Hirshleifer (2020)	分析师共同持有	12 country markets		月	动量溢出效应
	Parsons, et al. (2020)	地域	NYSE, AMEX, and NASDAQ		月	动量溢出效应
行为关联（非基本面关联）	Vijh (1994)	是否为指数标的股	S&P 500		日	股票联动性
	Rashes (2001)	名称相似	U. S. market		日	股票联动性
	Barberis, et al. (2005)	是否为指数标的股	S&P 500		日,周,月	股票联动性
	Kumar and Lee (2006)	投资者行为和情绪	U. S. market		月	股票联动性
	Greenwood (2008)	是否为指数标的股	Nikkei 225		日	股票联动性
	Boyer (2011)	是否为指数标的股	S&P 500		月	股票联动性
	Claessens and Yafeh (2013)	是否为指数标的股	S&P500		日	股票联动性
	Anton and Polk (2014)	被公募基金持有	NYSE, AMEX, and NASDAQ		日	股票联动性
	Liu, et al. (2015)	推特账户相互关注	NYSE, NASDAQ		日	股票联动性

2.2.1 股票联动性研究

随着行为金融学研究的逐步发展,越来越多的研究开始将目光投掷于揭示和验证证券市场异象。其中一个受到普遍关注的研究主题便是股票联动性(comovement)研究。股票联动性研究聚焦于探究资产之间的同期联动效应,研究表明,不同证券资产的价格或收益率的波动在同一时期往往具有明显的趋同性,呈现出同涨同跌的联动现象(Barberis, et al., 2005; Barberis and Thaler, 2003)。这种趋同效应可能集中在具有某些共同点的股票上,这些共同点不一定来自经济基本面(Huberman and Regev, 2001),因证券资产的名称或公司所在地的相似性、CEO校友关系、分析师共同提及等原因关联起来的股票的价格或收益率也会呈现出非理性联动现象(Boyer, 2011; Claessens and Yafeh, 2013; Greenwood, 2008; Kumar, et al., 2013; Pirinsky and Wang, 2006; Rashes, 2001)。Roll(1988)和West(1988)指出,私有信息、特质信息、其他偶发狂热因素或投资者恐慌心理都会导致股票价格呈现出与其基本面信息无关的非理性联动。

股票联动性研究对投资组合管理、风格投资和证券市场风险分析等具有重要意义。许多研究指出股价的同步性越高,市场崩溃的概率越大(Hutton, et al., 2009; Jin and Myers, 2006; Pedersen, 2009)。事实上,资本市场研究选取股价同步性作为衡量信息效率和市场危机的指标[①](Hutton, et al., 2009; Jin and Myers, 2006; Morck, et al., 2000; Pedersen, 2009; West, 1988)。

根据现有的研究,可以将引起股票联动性的原因归为三个方面,即从基本面角度、投资者行为角度和信息扩散角度来阐释引起股票联动性的原

---

① 相关研究主要分为两大学派:一是以 Morck, et al. (2000) 为代表的"信息效率观",该学派认为股价同步性反映了公司特质信息或私有信息纳入股价的程度,R2 越高,股价中包含的公司特质信息越少,股价同步性越高;二是以 West(1988)为代表的"非理性行为观",该学派认为股价同步性反映的是股票收益中的噪音、泡沫,以及投资者"狂热"和"恐慌"心理所引发的"追涨杀跌"和"从众"等与公司基本面无关的非理性行为和因素。

因（Barberis, et al., 2005）。从基本面的角度来看，大多数投资者倾向于依据资产的基本面特征对资产进行归类，如小盘股（small-cap stocks）等，并按照资产的类别分配资金，从而引起同一类别资产收益率的联动现象，这样的投资者也被成为风格投资者。Barberis and Shleifer（2003）详细分析并指出风格投资者的一致需求和情绪是引起股票联动性的原因。Pindyck and Rotemberg（1993）发现，公司规模相同的股票之间存在联动现象。Dutt and Mihov（2013）指出拥有相似产业的国家的股市联动性较高。

投资者情绪和投资行为的有限理性会引起股票联动。Rashes（2001）指出，对于仅公司名称相似而没有其他共同之处的上市公司，其股票价格之间呈现出明显的正相关性。李子广等（2011）验证了中国证券市场中名称相似的股票收益率之间的非理性联动现象，并进一步指出投资者类型、投资者情绪变化及信息含量等因素是股票联动性的驱动因素。Pirinsky and Wang（2006）指出，总部位于同一地理区域的公司的股票收益表现出很强的联动性。一旦公司的总部发生变化，这个公司的股票收益会呈现出与新所在地相同的公司股票收益间的关联关系增加，而与旧的所在地相同的公司之间的关联关系减少的现象。Kumar and Lee（2006）发现投资者的心理活动和行为会引起股票收益率的联动效应，特别地，散户投资者和机构投资者的投资偏好差异会导致不同的收益率联动性。Anton and Polk（2014）指出，被相同的公募基金持有的股票收益之间会表现出明显的相关性，股票间这种基于所有权的关联关系会引起价格错位，造成股票价格过度联动和恐慌性传染。

信息扩散程度是引起股票联动性的另一因素。Vijh（1994）发现，S&P 500 指数标的股的收益率之间具有很强的联动效应。Barberis, et al.（2005）验证了 Vijh（1994）的研究结论，发现当某只股票被选为 S&P 500 指数标的股时，这只股票和其他 S&P 500 指数标的股的收益联动性会增强，当这只股票被移出 S&P 500 指数后，这只股票和其他 S&P 500 指数标的股的收益联动性会减弱。并进一步指出这种股票收益率的联动性主要是由信息扩散不均衡引起的，由于投资者可以更容易获取与 S&P 500 指数相关的信息，从而使得 S&P 500 指数成分股表现出更强的联动性。许年行等（2011）指出，不同市场运行状态下信息的传递模式不同，从而会对股价同步性产生不同的影响作用。张兵等（2010）指出，在 QDII 实施之后，中美股市之间具有显著的联动效应。随着社会化媒体的兴起及其对证券市场波动的影响得以证实（Bollen, et al., 2011; Das and Chen, 2007; Li, et al., 2014a; Tetlock, 2007），少部分学者创新性地从社会化媒体的角度研究信息扩散对股票联动性的影响。作为较有代表性的研究之一，Liu, et al.（2015）根据推特账户的关注与被关注将上市公司关联起来，并指出推特账户相互关注的股票收益率之间具有明显的联动效应。

股票联动性研究聚焦于探究不同资产的价格或收益率在同一时期内同涨同跌的现象，并阐释引起这种联动效应的原因。股票联动性研究表明，企业之间的关联关系是引起资产价格或收益率在同一时期产生联动效应的重要因素。该研究成果为深入理解证券市场微观结构及其内在运行机理，有效分析和捕捉影响证券市场波动的本质因素提供了思路。

2.2.2 动量溢出效应研究

随着越来越多的研究聚焦于发现不同企业的证券资产价格或收益率在同一时期的联动效应，阐释上市公司股票联动效应的成因，并指出企业之间的各种关联关系是引起股票联动性的重要因素，金融学研究开始将目光投掷于探究企业之间的各种关联关系对资产价格或收益率波动影响的作用机理和内在机制。近年来，动量溢出效应（Momentum Spillover Effects）相关研究逐步进入金融学者的研究视野。行为金融学领域著名教授 Hirshleifer 与其合作者于 2020 年在金融学期刊 *Journal of Financial Economics* 上发表文章，提出"动量溢出效应"这个名词。动量溢出效应指的是一个企业的证券资产收益率在过去的表现对与该企业相关联的其他企业的资产预期收益率具有跨期的预测作用（Ali and Hirshleifer, 2020）。

在动量溢出效应这个名词被提出之前，金融学研究将相关企业的收益率之间的这种跨期预测效应称为关联企业的领先滞后效应（Lead‐lag

Effects)。近年来，金融学最新的研究成果表明，基于有限注意力假设（Limited Attention Hypothesis），由于投资者具有有限注意力（Hirshleifer and Teoh，2003；Merton，1987），因而不能及时有效地处理与所关注的公司相关联的其他公司的信息，从而致使相关企业的资产收益率之间存在领先滞后效应（Ali and Hirshleifer，2020；Lee, et al.，2019）。最早的探究相关资产收益率之间的这种领先滞后效应的研究之一可追溯到 Moskowitz 和 Gribblatt 于 1999 年在金融学期刊 Journal of Finance 上发表的文章，该研究指出同一行业股票的预期收益率之间具有较强的领先滞后效应。随后，Cohen 和 Frazzint 2008 年在 Journal of Finance 上发表文章进一步阐释了这种领先滞后效应，该研究指出根据企业间的供应链关系将不同企业关联起来，发现当一家公司受到新信息的冲击时，与其相关联的公司的股票收益会受到该公司的股票收益波动的影响（Cohen and Frazzini，2008）。Menzly and Ozbas（2010）也发现由供应链关联起来的公司的股票收益之间具有预测能力。Lee, et al.（2019）根据企业之间的技术亲密程度定义相关企业，并指出通过技术亲密程度关联的企业的股票收益之间具有很强的可预测能力，该研究成果于 2019 年发表于金融学期刊 Journal of Financial Economics。Parsons 等于 2020 年在金融学期刊 Review of Financial Studies 上发表文章，根据地理位置的相似性将总部位于同一地区的公司关联起来，指出同一城市不同行业的公司的未来收益之间具有显著的相互影响作用，运用这种关联关系构建的多空投资组合的月平均收益高达 42 个基本点（Parsons, et al.，2020）。

上述研究证明了企业之间的某种关联关系对证券市场波动具有重要的跨期预测作用，但没有证据能够阐明到底企业之间的哪一种关联关系是影响资产价格或收益率波动最为有效的主导因素。令人兴奋的是，行为金融学领域著名教授 Hirshleifer 与其合作者于 2020 年在 Journal of Financial Economics 上发表文章，通过分析师共同提及关系将上市公司关联起来，指出上市公司之间依据是否被分析师共同提及而建立的关联关系是上述各种关联关系的综合表达和本质因素（Ali and Hirshleifer，2020）。这种关系对资产收益率的波动具有显著的领先滞后效应，更进一步地，考虑分析师共同提及的关联关系后，其他关联关系引起的资产收益率之间的领先滞后效应将不再显著，或对资产收益率产生负向影响作用。Ali and Hirshleifer（2020）将相关企业资产收益率之间的这种领先滞后效应称之为动量溢出效应，该研究标志着实证资产定价研究领域取得重要突破。

然而，Ali and Hirshleifer（2020）指出的基于分析师共同关注的动量溢出效应仅针对基本面相关或具有基本面相似性的股票，不能反映有限理性的市场参与者以其对证券市场的认知行为造成的股票之间的关联关系。本书旨在从市场参与者的有限理性和有限注意力出发，探究基于互联网媒体共同报道的上市公司关联动量溢出效应及其对证券市场波动的影响作用。

2.2.3 本节评述

近十几年来，越来越多的金融学研究将目光聚焦于探究企业之间的关联关系对证券市场波动的影响作用，研究表明，企业之间的关联关系是影响资产价格波动的重要因素。企业关联关系对证券市场波动的影响研究可以分为两大类，即股票联动性研究和动量溢出效应研究。股票联动性研究聚焦于探究不同资产的价格或收益率在同一时期内同涨同跌的现象，并阐释引起这种联动效应的原因。股票联动性研究表明，企业之间的关联关系是引起资产价格或收益率在同一时期产生联动效应的重要因素。动量溢出效应研究则聚焦于探究关联企业的资产预期收益率在不同时期表现出的领先滞后的预测效应，旨在深入探究企业之间的各种关联关系对资产预期收益率波动影响的作用机理和内在机制。动量溢出效应指出，一个企业的证券资产收益率在过去的表现对与该企业相关联的其他企业的资产预期收益率具有跨期的预测作用。

动量溢出效应研究需要解决的关键问题是，找到能够有效衡量企业关联关系的代理变量，并进一步验证通过这种关系关联起来的企业的资产预期收益率在不同时期表现出的领先滞后的预测效应。金融学最新的研究成果指出，行业关联、供应链关联、地理位置关联、技术相似性和分析师共同提及关系等是衡量动量溢出效应关键的代理变量,并证明了通过这些关系关联起来的公司的资产预期收益率之间具有明显的动量溢出效应。尽管最新研究成果指出,分析师共同提及关系是上述所有关系的综合表达,但是,分析师共同提及关系代表的是具有基本面关联(fundamental similarities or linkages)的公司之间的关系(Ali and Hirshleifer,2020),并没有将那些依据投资者行为或其他非基本面因素建立起来的公司关联纳入在内。事实上,证券市场是一个随时间发展而动态演进和连续变化的复杂系统,上市公司或其证券资产之间具有复杂、多样,且随时间和市场运行状态变化而动态变化的关联特性。本书通过互联网媒体新闻共同报道建立公司之间的关联,指出该关联关系既能反映公司之间基本面信息的关联,又能捕捉公司之间除基本面关联以外的其他关联关系。更进一步地,在检验媒体关联的存在性和有效性的基础上,本书构建了一个基于图神经网络的算法,将企业间多种关系进行融合,动态地捕捉不同市场运行状态下,企业之间关联关系的变化对股票价格波动的影响作用。

2.3 证券市场媒体效应研究

无论是起源于随机游走理论、体现市场对新信息吸收能力的"有效市场假说",还是近代行为金融学中信息对投资者心理影响的"非理性投资者"学说,都认为证券市场的波动与信息的发布、传播和吸收息息相关。媒体作为发布和传播信息的媒介,是投资者获取新信息的重要渠道。传统的媒体主要是指电视、广播、报纸、期刊等。随着 Web 2.0 技术兴起,互联网成为人们发布信息、传播信息、获取信息最重要的媒介,互联网媒体的信息量和传播速度与日俱增。如今,互联网已从一个简单的信息发布平台,演变为一个交互式的信息发布、共享、交流和协作的社会网络,并取代传统媒体,成为信息发布、传播和获取最主要的媒介。特别地,互联网媒体作为投资者获取信息的重要渠道,对证券市场波动产生了日益重要和显著的影响。本小节系统地梳理了证券市场媒体效应相关研究成果，在阐述证券市场媒体效应存在性的基础上，系统地综述了新闻信息，尤其是互联网媒体新闻信息对证券市场波动影响研究的研究现状，从而为本书在基于媒体信息建立企业关联关系的基础上，验证关联企业预期收益率的动量溢出效应的可行性奠定坚实的理论基础和实证基础。表2-2梳理了证券市场媒体效应研究的代表性成果。

表2-2 证券市场媒体效应研究的代表性成果

文献	文章标题	发表期刊	引用次数
Bollen, et al. (2011)	Twitter mood predicts the stock market	J COMPUT SCI	5260
Tetlock (2007)	Giving content to investor sentiment the role of media in the stock market	J FINANC	3458
Loughran and McDonald (2011)	When is a liability not a liability? Textual analysis, dictionaries, and 10-Ks	J FINANC	2854
Tetlock, et al. (2008)	More than words quantifying language to measure firms' fundamentals	J FINANC	1968
Fang and Peress (2009)	Media coverage and the cross-section of stock returns	J FINANC	1563
Das and Chen (2007)	Yahoo! for Amazon: Sentiment extraction from small talk on the web	MANAGE SCI	1459
Engelberg and Parsons (2011)	The causal impact of media in financial markets	J FINANC	928
Preis, et al. (2013)	Quantifying trading behavior in financial markets using Google Trends	SCI REPORTS	898
Schumaker and Chen (2009)	Textual analysis of stock market prediction using breaking financial news: The AZFin text	ACM T INFORM SYST	804
Chen, et al. (2014)	Wisdom of crowds: The value of stock opinions transmitted through social media	REV FINANC STUD	724
Garcia (2013)	Sentiment during recessions	J FINANC	699
Tetlock (2010)	Does public financial news resolve asymmetric information	REV FINANC STUD	463
Nguyen, et al. (2015)	Sentiment analysis on social media for stock movement prediction	EXPERT SYST APPL	341
Griffin, et al. (2011)	How important is the financial media in global markets	REV FINANC STUD	240
Birz and Lott Jr (2011)	The effect of macroeconomic news on stock returns: new evidence from newspaper coverage	J BANK & FINANC	204

表2-2(续)

文献	文章标题	发表期刊	引用次数
Li, et al. (2014b)	The effect of news and public mood on stock movements	INFORM SCIENCES	176
Xu and Zhang (2013)	Impact of Wikipedia on market information environment: Evidence on management disclosure and investor reaction	MIS QUART	137
Zheludev, et al. (2014)	When can social media lead financial markets	SCI REPORTS	109
Calomiris and Mamaysky (2019)	How news and its context drive risk and returns around the world	J FINANC ECON	61

2.3.1 证券市场媒体效应存在性研究

媒体，作为发布和传播信息的媒介，是投资者获取新信息的主要渠道和重要来源，其对证券市场波动产生了日益重要和显著的影响（Li, et al., 2018；Peress, 2014）。金融学研究成果表明，证券市场存在媒体效应，媒体信息的发布、传播和吸收无不牵动着证券市场的波动（Calomiris and Mamaysky, 2019；Chan, 2003；De Long, et al., 1990；Fang and Peress, 2009；Healy and Palepu, 2001；Hirshleifer, et al., 2009）。证券市场媒体效应研究主要聚焦于分析媒体信息（内容、传播方式、投资者反应）对资产价格或收益率波动的影响作用，旨在认识证券市场波动的基本规律和内在机理，从而为提高市场效率、促进价格发现、降低信息不对称、使资源配置更加有效，提供指导。

证券市场媒体效应研究起源于人们观察到重大突发新闻（Breaking News）事件对证券市场波动产生的冲击（Birz and Lott Jr, 2011）。例如，《纽约时报》1998年5月3日刊登了一篇关于癌症治疗新药可能取得重要突破的文章，文中提到生物医药科技公司EntreMed拥有这一突破的特许经营权，该消息一经报道，EntreMed的股价立即大幅上涨。除EntreMed公司外，纳斯达克生物科技综合指数（Nasdaq Biotechnology Composite Index）的其他成份股在次日平均上涨7.5%（Huberman and Regev, 2001）。又如，2015年4月21日，人民网刊载的一篇题为《4000点才是中国A股牛市的开端》的文章点燃了市场不理智的疯狂，超过 3000 万投资者涌入市场，这些投资者大多是没有操盘经验的新手（Lu, et al., 2018），在一定程度上充当了 2015 年中国股灾的助推者和酿造者。上述情况不胜枚举。在观察到重大突发新闻事件会对证券市场波动造成影响之后，金融学研究开始探究新闻信息对证券市场波动的影响作用（Birz and Lott Jr, 2011；Huberman and Regev, 2001）。

依据媒体信息的形式，可以将证券市场媒体效应研究分为两大类：①传统形式的媒体信息对证券市场波动影响研究；②包括投资者互动平台信息、社交网站信息等在内的社会化媒体信息对证券市场波动的影响研究。大多数证券市场媒体效应研究聚焦于探究传统形式的媒体信息，如财经新闻、财务报表、公司公告等，对证券市场波动的影响作用（Alanyali, et al., 2013; Birz and Lott Jr, 2011; Chan, 2003; Francis, et al., 2002），旨在回答媒体信息是否，以及如何对证券市场波动产生影响的问题。然而，囿于信息处理方法和技术的局限，早期的证券市场媒体效应研究主要是基于特定事件的案例研究，以及只考虑媒体新闻信息的数量而忽略信息的内容，运用计量经济分析方法来研究媒体信息与证券市场波动的因果关系（Li, et al., 2018）研究。随着信息技术的发展，特别是利用自然语言处理技术（Natural Language Processing）处理和量化非结构化的文本信息，以及机器学习领域对非结构化文本数据的高维度关联分析模型的突破，基于大数据的证券市场媒体效应研究得以兴起并逐渐取得实质性的研究进展。其中，最具代表性的研究成果是 Tetlock 于 2007 年和 2008 年在金融学期刊 *Journal of Finance* 上连续发表的两篇论文（Tetlock, 2007; Tetlock, et al., 2008），通过对 20 年的《华尔街日报》（*The Wall Street Journal*）新闻内容进行分析，论证了运用新闻信息来捕捉投资者情绪和非理性行为对股票收益率波动影响的有效性。作为证券市场媒体效应研究的最新成果，Calomiris 和 Mamaysky 于 2019 年在金融学期刊 *Journal of Financial Economics* 上发表文章，系统全面地证明了证券市场媒体效应的存在性及影响作用，通过对 51 个国家证券市场的检验表明，对财经新闻的分析，可以预判一个国家证券市场的未来发展趋势（Calomiris and Mamaysky，2019）。这三篇文章基本确立了媒体信息对证券市场波动影响的理论与实证基础。

随着 Web 2.0 技术兴起，互联网成为人们发布信息、传播信息和获取信息最重要的媒介，互联网媒体的信息量和传播速度与日俱增。如今，互联网已从一个简单的信息发布平台，演变为一个交互式的信息发布、共享、交流和协作的社会网络。媒体信息也由传统形式的新闻报道、财务报表、公司公告等信息，演变为包括投资者互动平台信息、社交网站信息等在内的涵盖投资者意见、见解、经验和观点的社会化媒体信息。越来越多的研究开始通过量化社会化媒体信息中所包含的专家观点与公众情绪，来定量地探究媒体信息对证券市场波动的影响作用（Antweiler and Frank，2004；Bollen，et al.，2011；Hagenau，et al.，2013；Li，et al.，2014b；Zheludev，et al.，2014）。美国印第安纳大学的 Johan Bollen 教授开创性地从 1000 万条推特信息（Tweets）中量化并提取公众投资者的情绪，发现其构建的"冷静"情绪指标的变化趋势和未来 3 至 4 天的道琼斯平均工业指数（DJIA）的波动具有惊人的相似之处，更重要地，利用该"冷静"情绪指标预测 DJIA 波动趋势的准确率高达 86.7%（Bollen，et al.，2011）。基于该研究成果，三个面向社交媒体情绪指数分析的对冲基金（DCM Capital、Twitter-based Hedge Fund、Cayman Atlantic）先后成立，其中，Cayman Atlantic 所管理的资本年收益回报率达 9.72%。

信息时代的到来使得互联网取代传统媒体，成为信息发布、传播和获取的主要载体。如今，互联网已经成为人们获取信息最主要的渠道[①]。在互联网中，每个人既是信息的接收者，也是信息的发布者和传播者，使得媒体信息以从 1 到 N 的速率在互联网中快速传播。互联网中充斥着传播速度极快、覆盖面极广、时效性极强的海量媒体信息，对证券市场波动产生了强烈的冲击（Albuquerque and Vega，2009；Calomiris and Mamaysky，

---

① 据中共中央网络安全和信息化委员会发布的第 45 次《中国互联网络发展状况统计报告》统计，截至 2020 年 3 月，我国互联网普及率达 64.5%，使用手机上网的用户占比为 99.3%。

2019；Das and Chen，2007；Engelberg and Parsons，2011；Fang and Peress，2009；Goonatilake and Herath，2007；Li，et al.，2014a；Li，et al.，2014b；Loughran and McDonald，2011；Schumaker and Chen，2009；Xu and Zhang，2013；Zheludev，et al.，2014）。

事实上，互联网媒体信息对证券市场波动的影响是一把双刃剑。一方面，媒体信息在互联网中广泛、自由、透明地传播，有利于降低市场的信息不对称程度，促进价格发现、提高市场资源配置效率，从而维护市场稳定；另一方面，互联网中充斥着大量片面、偏激甚至虚假的信息，严重冲击了股价的稳定，动摇了投资者对市场信息真实性和透明性的信心，从而极大地阻碍了证券市场有效配置社会资本的能力。如今，互联网已然成为阻碍市场稳定运行的重大"风险源"，尤其是对正处于制度变革和转型的我国证券市场而言，互联网舆论所激起的每一个浪花，在羊群效应的推波助澜之下，极有可能成为冲破金融稳定防线、引发新一轮金融海啸的导火索[①]。如何从互联网媒体视角，理解证券市场运行的内在机制和本质规律，探寻影响证券市场稳定运行的内在因素和最优选择，是一个极具挑战且意义重大的命题。

2.3.2 媒体新闻与证券市场波动研究

验证新闻信息对证券市场波动风险的影响是资本市场定价研究数十年来的主题。早期的研究聚焦于探究新闻报纸、期刊中的信息对证券市场波动的影响作用（Birz and Lott Jr，2011；Chan，2003；Cutler，et al.，1989）。随着信息时代的到来，互联网媒体新闻以其传播速度快、覆盖面广、时效性强等特点，对证券市场波动产生了强烈的冲击（Calomiris and Mamaysky，2019；Loughran and McDonald，2011；Tetlock，2007；Tetlock，et al.，2008）。

如何准确地表征和量化媒体新闻中反映的宏观经济态势、企业基本面

---

① 例如，2013年4月23日，美联社推特账户因被盗而发布"白宫发生两起爆炸，奥巴马被炸伤"的突发新闻，立即引起美国股市恐慌，道琼斯工业平均指数随之大跌约150点，标准普尔500股票指数和纳斯达克综合指数出现较大跌幅。在消息得以澄清后，美国股市随即恢复到正常水平。

状况或投资者观点,是有效捕捉新闻对证券市场波动影响需要解决的关键问题。从对新闻信息的量化方法上看,新闻对证券市场波动影响研究经历了案例法和数量法、基于自然语言处理技术的情感分析法,以及文本向量法等研究历程。

囿于信息处理技术的局限,早期的大多数金融学研究主要是采取对特定事件的案例研究,以及考虑新闻报道的数量对证券市场波动的影响作用(Chan,2003;Fang and Peress,2009;Mitchell and Mulherin,1994)。Niederhoffer(1971)使用事件研究法分析《纽约时报》的新闻标题,发现重大新闻发布后的第一天,股票市场的反应最强烈。Cutler, et al.(1989)选取了与经济无关的重大事件(选举或国际冲突等事件),指出证券市场的波动受到重大政治和全球事件的影响。Mitchell and Mulherin(1994)通过分析道琼斯新闻的数量,发现新闻数量与证券市场的股票交易量和收益存在着直接的联系。Chan(2003)按月选取了出现在道琼斯通讯社(the Dow Jones newswires)的新闻标题中的股票,分析股票被新闻报道后1至36个月的异常收益率的变化,探究新闻报道是否会引起股票价格的漂移或反转现象。Fang and Peress(2009)发现新闻公告的数量与衡量证券市场波动的指标(如交易量、市场回报率)之间显著相关。

随着信息技术的发展,尤其是利用自然语言处理技术处理和量化非结构化的文本信息,以及机器学习领域对非结构化文本数据的高维度关联分析模型的突破,经济学家开始使用文本分析相关方法研究新闻与证券市场波动之间的关系(Calomiris and Mamaysky,2019;Garcia,2013;Tetlock,2007;Tetlock, et al.,2008)。最具代表性的研究是Tetlock(2007)和Tetlock, et al.(2008),其通过对20年的《华尔街日报》新闻内容进行分析,根据新闻中词语代表的情感极性,将新闻分为积极情绪和消极情绪,论证了运用新闻信息来捕捉情绪和非理性行为对股票收益率波动影响的有效性。Loughran and McDonald(2011)提出了一项更细致地刻画财经文本信息所包含情绪的词典,来研究新闻情感词与收益率波动之间的关系。Calomiris and Mamaysky(2019)系统地提出了新闻文本内容分析的方法论,通过量化新闻文本内容包含的情感、特殊词在新闻中出现的频率、新闻内容所属主题等来分析新闻与证券市场波动风险之间关系的方法论，通过对51个国家证券市场的检验，指出对财经新闻进行分析可以预判一个国家证券市场的未来发展趋势。

尽管文本情感分析法捕捉了新闻内容表达的情感，但是其丢失了新闻文本内容所包含的信息。部分研究提出运用文本向量法将新闻文本内容量化为高纬度的词向量，以保留更多的新闻信息。文本向量法包括词袋法（bag-of-words）和词嵌入法（word embedding）。词袋法是一种典型文本量化方法，其核心思想是忽略文本内容的词序和语法，将文本中出现的词语作为一个词集合，用词向量（term vector）的方式来表达。Wuthrich, et al.（1998）运用词袋法，将新闻文本转化为词向量来探究新闻对全球5大证券市场综合股票指数的影响。Schumaker and Chen（2009）运用4种不同的词集合（全部词集合、名词集合、专有名词集合、实体名词集合）来量化新闻文本，发现使用专有名词集合的效果最佳。词嵌入法是自然语言处理近年来取得的重要突破之一，其可以将一个词表示为固定长度的向量，从而最大化地表征和量化新闻文本的内容。

2.3.3 本节评述

验证市场感知信息的有效性是资本市场定价研究数十年来的主题。无论是起源于随机游走理论的体现市场对信息吸收能力的"有效市场假说"，还是近代行为金融学中信息对投资者心理影响的"非理性投资者"学说，都认为证券市场的波动与信息的发布、传播和吸收紧密相关。

本书基于证券市场媒体效应的研究成果，从大数据的视角出发，试图通过"融合"的思想，探究基于媒体关联的上市公司动量溢出效应，并在捕捉上市公司内在关联的基础上，将金融学理论与智能计算模型相结合，分析证券市场波动的本质规律，致力于为深入理解证券市场微观结构和内在运行机理提供参考。本书聚焦于我国主流财经媒体在互联网中发布的新闻报道，根据新闻报道内容构建企业关联关系，探究基于媒体关联的上市公司动量溢出效应及其影响作用。

2.4　面向证券市场波动风险分析的研究

证券市场波动风险分析是金融学研究领域中一个历久弥新的主题。传统的金融研究一直致力于"解构"证券市场波动的内在机理，由导致市场波动的原因出发，从市场运行环境、宏微观经济指标、政策变化、公司治理、投资者非理性情绪等多个视角，逐一探寻不同因素对证券市场波动的影响作用。然而，资本市场是一个复杂的动态系统，其波动一定是各种因素相互交融、共同作用的合力结果。传统的金融计量方法旨在解构影响证券市场运行的因素，孤立地探究不同的市场因素对证券波动的影响，忽略了各类影响证券市场波动的因素之间的交互特征和合力作用。事实上，囿于维度限制和线性局限，传统的金融计量方法无法有效捕捉影响证券市场波动的各类因素及其交互作用对市场波动产生的共同影响，从而难以捕捉市场运行过程的全貌。

大数据和人工智能的发展使得从微观视角分析证券市场的整体或局部波动成为可能，应用量化智能计算模型分析金融市场波动研究取得了突破性的进展。值得关注的是，Gu, et al.（2020）于 2020 年在金融学期刊 *Review of Financial Studies* 发表文章，详细对比论证了使用传统计量回归模型和机器学习预测投资组合收益率的表现，并表明运用机器学习方法进行投资组合预测获取的收益是传统回归模型的两倍，标志着应用智能计算模型解决金融学经典命题的可行性和有效性。本小节首先阐述了面向证券市场波动的金融风险分析研究的发展历程，其次系统地梳理了应用各类模型分析证券市场波动问题的研究进展和现阶段取得的研究成果，在此基础上，详细论述了现阶段面向证券市场波动的智能计算模型的缺陷，从而为本书构建面向证券市场波动并捕捉动量溢出效应的智能计算分析模型的必要性和创新性奠定坚实的基础。表 2-3 梳理了面向证券市场波动风险分析研究的代表性成果。

表 2-3　面向证券市场波动风险分析研究的代表性成果

类别	文献	市场信息				研究对象			观测指标	分析模型		时期	实验	
		经济指标	媒体信息	企业关联		市场	单位			影响因子	模型		规模	评价指标
数理统计模型	Moat, et al. (2013)	—	维基百科	—		DJIA	周	指数价值	维基百科	Wilcoxon 符号秩和检验	10/12/2007—30/04/2012	DJIA 成份股	股指趋势
	Zheludev, et al. (2014)	—	推特情感、数量	—		美国证券市场	小时	差价合约	情感、数量	互信息	11/12/2012—12/03/2013	12 只差价合约	具体价格
	Zhang (2006)	公司规模、上市年限、现金流等	新闻情感	—		NASDAQ, NYSE, AMEX	月	收益率	公司规模、上市年限、现金流等	Pearson/Spearman 相关系数、四因子模型	01/1983—12/2001	30 个投资组合	T 检验、投资组合收益率
计量经济模型	Banz (1981)	总市值	—	—		NYSE	月	收益率	总市值	广义 CAPM	1926—1975 年	NYSE 所有股票	T 检验、投资组合收益率
	Fama and French (1993)	市场风险因子、市值因子、账面市值比因子	—	—		NASDAQ, NYSE, AMEX	月	收益率	市场风险因子、市值因子、账面市值比因子	Fama-French 三因子模型	1963—1991 年	美国证券市场所有股票	T 检验、投资组合收益率
	Fama and French (2015)	市场风险因子、市值因子、账面市值比因子、盈利因子、投资因子	—	—		NASDAQ, NYSE, AMEX	月	收益率	市场风险因子、市值因子、账面市值比因子、盈利因子、投资因子	Fama-French 五因子模型	1963—2013 年	NYSE 所有股票、AMEX 和 NASDAQ 部分股票	T 检验、投资组合收益率

类别	文献	市场信息			研究对象			分析模型		实验		评价指标
		经济指标	媒体信息	企业关联	市场	单位	观测指标	影响因子	模型	时期	规模	
机器学习模型	Wuthrich, et al. (1998)	—	新闻关键词	—	DJIA, NIKKEI 225, FTSE 100	日	指数趋势	新闻关键词	KNN	12/06/1997—03/06/1998	五大主要市场指数	Accuracy
	Mittermayer and Knolmayer (2006)	—	新闻类别	—	S&P500	秒	股价/收益率趋势	新闻类别	SVM	04/01/2002—12/31/2002	500支股票	F1, Accuracy
	Schumaker and Chen (2009)	—	新闻术语	—	S&P500	分钟	股价	新闻术语	SVR	10/26/2005—11/28/2005	484支股票	Accuracy, MSE
	Li, et al. (2014b)	股价, 成交量	新闻情感	—	CSI 100	分钟	股价	股价, 成交量, 情感	SVR	01/01/2011—12/31/2011	89支股票	Accuracy, RMSE
深度学习模型	Ding, et al. (2014)	—	新闻事件	—	S&P500	日周月	指数/股价趋势	新闻事件	DNN	10/02/2006—11/21/2013	S&P500, 15支股票	Accuracy, MCC
	Huang, et al. (2016)	股价, 成交量	推特情感	—	S&P500, NYSE composite Index	日	指数趋势	股价, 成交量, 情感	CNN, DNN	11/06/2009—12/21/2009	2个市场指数	Error rate
	Li, et al. (2016a)	股价, 成交量	新闻情感	—	CSI 100	分钟	股价	股价, 成交量, 情感	Tensor	01/01/2011—12/31/2011	100支股票	Accuracy, RMSE
	Chen, et al. (2018)	股价, 成交量	—	股价相关	CSI 300	日	股价趋势	股价, 成交量, 关系	LSTM+GCN	04/29/2017—12/31/2017	298支股票	Accuracy
	Feng, et al. (2019)	收盘价, 5/10/20/30天移动平均	—	行业, 维基百科	NASDAQ, NYSE	日	收益率	收盘价, 5/10/20/30天移动平均, 关系	TGC	01/02/2013—12/08/2017	2763支股票	MSE, MRR, IRR

2.4.1 传统的证券市场波动风险分析研究

证券市场波动风险分析是金融学研究领域永恒的主题。传统的金融研究一直致力于"解构"证券市场波动的内在机理，由导致市场波动的原因出发，从市场运行环境、宏微观经济指标、政策变化、公司治理、投资者非理性情绪等多个视角，逐一探寻不同因素对证券市场波动的影响作用。近代金融学理论经过数十年的发展，逐步确立了三大类影响市场波动的因素，即，宏微观经济指标（基本面信息）、媒体文本信息（信息传播）、关联企业状态（联动性及动量溢出效应）。

现代经典金融研究指出，证券市场波动受到宏微观经济指标等基本面信息的影响。有效市场假说指出，证券市场的稳定通常被诠释为资产价格围绕宏观经济运行态势和企业基本面信息在一定范围内上下波动。诺贝尔经济学奖获得者 Eugene F. Fama 指出，资产价格取决于投资者对该资产未来价值的合理现值的期望（Malkiel and Fama，1970）。具体而言，Fama 和其合作者将证券波动的影响因子归结为市场超额回报率、公司账面市值比、市值大小、公司盈利能力以及公司投资情况（Fama and French，1993，2015）。但是，现代经典金融学研究是在理性的框架下，以"理性人假设""随机游走假说"和"无套利假设"为基本前提讨论金融问题的。在现实金融市场中，这些假设难以完全成立，以致于无法有效解释证券市场异象，因而亟需探寻新的影响因素。

伴随行为金融学的发展，大量金融学研究指出媒体信息传播是影响证券市场波动的重要因素。行为金融学指出，投资者的有限理性和认知偏差（cognitive bias）会导致情绪化的投资行为，从而引起证券波动（Hirshleifer, et al.，2009）。在互联网时代，信息通过网络迅速而广泛地传播，逐渐成为影响资产价格波动的主导因素。Tetlock 于 2007 和 2008 年在金融学期刊 *Journal of Finance* 上连续发表的两篇论文（Tetlock，2007；Tetlock, et al.，2008），通过对 20 年的《华尔街日报》新闻内容进行分析，论证了运用新闻信息来捕捉投资者情绪和非理性行为对股票收益率波动影响的有效性。作为证券市场媒体效应研究的最新成果，Calomiris 和 Mamaysky 2019 年在顶级金融学期刊 *Journal of Financial Economics* 上发表文章，系统且全面地论证了证券市场媒体效应的存在性及影响，通过对 51 个国家证券市场的检验表明，对财经新闻的分析，可以预判一个国家证券市场未来的发展趋势（Calomiris and Mamaysky，2019）。越来越多的研究开始通过量化社会化媒体信息中所包含的专家观点与公众情绪，来定量地探究媒体信息对证券市场波动的影响作用（Antweiler and Frank，2004；Bollen, et al.，2011；Hagenau, et al.，2013；Li, et al.，2014a；Zheludev, et al.，2014）。

近年来，金融学最新研究成果发现，企业关联状态对证券市场波动具有重要影响。一个上市企业的资产价值会显著地受到与之关联的企业资产价值波动的影响。事实上，在证券市场中，各企业因其内在价值的关联性、企业之间的竞争与合作、投资者对不同企业资产的认知和比较、监管部门的监管需求而产生不同类型的关联，构成了一个复杂且动态变化的企业关联网络。在这个关联网络中，某一节点（企业）在市场中的变化，会对与其关联的企业造成不同程度的影响（Ahern and Harford，2014）。金融学相关研究表明，不同资产收益率之间的波动会呈现出与其基本面信息无关的联动现象（Anton and Polk，2014；Banz，1981；Barberis and Thaler，2003；Vijh，1994）。例如，Cohen 和 Frazzint 依据供应链关系将不同企业关联起来，发现当一家企业受到新信息的冲击时，与其相关联的企业的股票收益率会受到该企业股票收益波动的影响（Cohen and Frazzini，2008）。Anton 和 Polk 指出，对于被相同的公募基金共同持有的股票，其收益率之间具有明显的相关性，资产之间这种基于所有权建立的关联关系会引起价格错位，造成资产收益率的联动，甚至引发恐慌性的传染（Anton and Polk，2014）。Lee 等依据企业之间的技术亲密程度给企业建立关联，指出由技术亲密程度关联起来的企业的股票收益率之间具有很强的可预测性（Lee, et al.，2019）。Parsons 等依据地理位置的相似性将总部位于同一地区的公司关联起来，指出同一城市不同行业的公司的未来收益之间具有显著的相互预测作用，基于该关联关系构建的多空投资组合的月平均收益高达 42 个基本点（Parsons, et al., 2020）。行为金融学领域著名教授 Hirshleifer 与其合作者 2020 年在 *Journal of Financial Economics* 上发表文章，通过分析师共同提及关系将上市公司关联起来，指出上市公司之间依据是否被分析师共同提及而建立的关联关系是上述各种关联关系的综合表达和本质因素（Ali and Hirshleifer, 2020）。

2.4.2 面向证券市场波动的智能计算研究

为了捕捉纷乱复杂的市场因素对证券市场波动风险影响，传统金融研究从"解构"的视角出发，运用数量统计模型和计量经济模型，去逐一探寻各种因素与证券市场波动的因果关联。随着大数据和人工智能的发展，金融学研究开始关注运用机器学习方法探究经典的资产定价问题的可行性和有效性（Calomiris and Mamaysky, 2019; Gu, et al., 2020）。事实上，真实世界中的资本市场是一个复杂的动态系统，其波动一定是各种因素相互交融、共同作用的合力结果。非线性机器学习模型从"融合"的思维出发，能够捕捉多种类别的影响因素的综合作用，因而更加符合证券市场波动的实质（各类因素交叉融合、共同作用）。伴随近代金融学理论的发展，及三大类影响市场波动的因素的逐步确立，面向证券市场波动的智能计算研究历经了从仅关注某一类别的市场因素的影响作用，到捕捉不同类别市场因素的交叉融合影响作用的转变。

（1）考虑单一类型影响因素（基本面信息或媒体信息）的智能计算研究：早期的面向证券市场波动的智能计算研究将证券市场波动分析问题视作一个机器学习的二分类问题①，使用在计算机领域（图像识别、机器翻

---

① 将 T 时刻的市场信息（如，公司特征、交易数据等）作为输入特征向量，将 $T+1$ 时刻的衡量证券市场波动的指标（如股票收盘价、成交量、换手率、收益率等）分为上涨、下跌两大类，并作为输出值，通过经典机器学习算法（如决策树、随机森林、支持向量机、传统神经网络等），将输入特征信息判别为导致证券波动上涨和下跌两大类别。当新的市场信息输入时，通过将其与已知类别（上涨、下跌）的特征向量进行比较，从而对新信息进行合理分类，并据此进一步判断市场的运行趋势。

译和数据挖掘等）已经取得成功的经典的机器学习预测模型（如决策树、随机森林、支持向量机、传统神经网络等）来预测证券市场波动（Mittermayer and Knolmayer, 2006; Wuthrich, et al., 1998）。例如，Wuthrich, et al.（1998）运用 kNN 分类算法分析媒体新闻信息对市场指数走势的影响。然而，kNN 模型在分析证券市场波动问题上具有明显缺陷，即当样本分布不均匀时，只按照 k 个邻近顺序，而不考虑样本实际距离，会对最终结果造成一定程度上的误判。而证券市场中新闻报道大多为利好消息，新闻信息的分布不均导致 kNN 模型倾向于将最终结果预测为上升趋势。Mittermayer and Knolmayer（2006）采用单核支持向量机（SVM）模型来预测新闻内容对股票价格涨跌波动的影响。为了避免单核 SVM 模型对训练数据集特征的依赖性，Shynkevich, et al.（2016）提出使用多核学习模型（MKL）替代单核 SVM 模型，并指出使用 MKL 模型预测新闻内容对股价波动影响的效果比单核 SVM 和 kNN 的效果更好。Schumaker and Chen（2009）进一步将证券市场波动预测看作一个回归问题，并运用支持向量机回归模型（SVR）预测股票价格的取值，而非涨跌趋势，并取得了很好的效果，该研究成果受到华尔街专业人士的高度关注。

随着深度学习技术在学术界和工业界取得巨大进展，面向证券市场波动的智能计算研究开始将目光聚焦于应用深度学习算法分析新信息对证券市场波动的影响。例如，Kingma and Ba（2015）运用深度神经网络（Deep Neural Networks, DNNs）探究新闻事件与证券市场波动的潜在关系，并发现 DNNs 相对 SVM 而言具有更好的预测作用。随后，Ding, et al.（2015）使用卷积神经网络（Convolutional Neural Networks, CNNs）捕捉新闻事件对证券市场波动的影响作用。CNNs 的卷积层（convolutional layer）和池化层（pooling layer）使得该算法具备"不变特性"，适用于具备空间特征分布的输入数据，从而有助于捕捉高维度特征的影响作用。更进一步的，在证券市场波动风险分析研究中，考虑到作为输入量的市场信息数据具备一个重要的特性，即时序特性，有学者提出了基于长短时记忆（Long-short-Term Memory, LSTM）机制的深度学习模型来处理证券市场波动的时变特性

(Zhang, et al., 2017)。上述研究运用计算智能方法研究单一类型的市场因素对证券市场波动的影响。事实上，证券市场波动是多种因素相互交融、共同作用的综合结果。因此，有必要将各种因素纳入预测模型，以更准确地跟踪股票波动地趋势。

（2）考虑两大类影响因素（基本面信息和媒体信息，或基本面信息和企业关联关系）的智能计算研究：随着信息处理方法和技术的发展，特别是利用自然语言处理技术（Natural Language Processing）表征和量化非结构化的文本信息，以及机器学习领域对非结构化文本数据的高维度关联分析模型的突破，部分研究进一步将基本面数值特征与媒体文本信息结合起来，探究它们对股票走势的共同影响（Akita, et al., 2016; Bollen, et al., 2011; Huang, et al., 2016; Li, et al., 2014a; Tetlock, et al., 2008）。例如，Li, et al. (2014a) 从媒体信息中捕捉公众情绪和态度，将其与股票基本面信息一同预测股票价格的未来走势。为了探究基本面信息与媒体文本信息对证券市场波动的影响作用，上述研究采取的策略是将数字经济指标和基于文本向量的媒体连接成一个超级复合向量。然而，基本面信息和媒体文本信息的数据结构不同，简单地将数值表征的基本面信息与文本向量表征的媒体信息拼接起来不可避免地会忽略不同信息类型的交互作用（Li, et al., 2018）。为了捕捉不同类别信息源的特征之间的交互作用和内在关联，一些研究运用张量（tensor）理论来模拟复杂的市场信息空间，旨在更好地理解资产价格的波动（Li, et al., 2016a; Li, et al., 2020a）。这些研究将一类信息表示为张量模式，用核张量（core tensor）来记录不同信息源之间的联系，通过张量分解和重构，在市场信息输入特征空间的基础上构造了核张量（Kolda and Bader, 2009）。

近十几年来，金融学研究成果普遍指出，企业关联关系是影响资产价格波动的重要因素。然而，囿于技术的限制，缺乏一种有效的方法来合理地表示企业关联信息，面向证券市场波动的智能计算研究一直没能将企业关联关系考虑进来。近年来，得益于计算机领域在图神经网络算法（Graph Neural Network, GNN）上取得的进展，有效表征企业关联关系并捕捉该关系下新信息的聚合和转移对相关公司的影响作用成为可能。少部分研究开始运用GNN捕捉企业关联关系及动量溢出效应对资产价格波动的影响作用（Chen, et al., 2018；Feng, et al., 2019；Li, et al., 2020b）。在这些研究中，每个上市公司都被视作图中的一个节点，两个节点之间的连边由企业的关联关系决定。例如，Chen, et al.（2018）利用图卷积神经网络（Graph Convolutional Network，GCN）算法，使用企业的共同投资关系与基本面信息一同预测资产价格波动。Feng, et al.（2019）提出时序图卷积（Temporal Graph Convolution，TGC）神经网络算法，将企业所在行业和维基百科上的关联性融入资产价格波动预测中。

2.4.3 本节评述

为了捕捉纷乱复杂的市场因素对证券市场波动风险的影响，传统金融研究一直致力于"解构"证券市场波动的内在机理，由导致证券市场波动的原因出发，依据数量统计模型和计量经济模型，从市场运行环境、宏微观经济指标、政策变化、公司治理、投资者非理性情绪等多个视角，逐一探寻纷乱复杂的市场因素与证券市场波动风险之间的因果关联。然而，证券市场是一个复杂的动态系统，其波动一定是各种因素相互交融、共同作用的合力结果。传统的金融计量方法旨在解构影响证券市场运行的因素，忽略了各类影响市场波动的信号之间的交互作用，孤立地研究不同的市场因素对证券波动的影响，从而无法有效捕捉证券市场运行过程的全貌。这是"解构"思维的缺陷，也直接构成证券市场波动研究的瓶颈。大数据和人工智能的发展使得从微观视角分析证券市场的整体或局部波动成为可能，应用量化智能计算模型分析金融市场波动研究取得了突破性的进展。现有研究表明，非线性机器学习模型从"融合"的思维出发，能够捕捉多种类别的影响因素的综合作用，因而更加符合证券市场波动的实质（各类因素交叉融合、共同作用）。

值得注意的是，现有的面向证券市场波动的智能计算模型存在两方面的缺陷。

第一，至今鲜有研究将三大类市场因素放在同一个框架下，考虑三大类市场因素的交互融合作用对证券市场波动的合力影响。究其原因，是由于三大类因素的数据结构和数据特性不同。媒体信息通常是非结构化的文本信息，需要由高维度向量来表征，企业关联关系则是图结构表征的企业关联网络。现有的大多数研究只是将数值表征的宏微观经济指标等基本面因素作为输入量，这种基于标量的智能计算模型难以将金融学研究指出的媒体信息和企业关联作为输入特征考虑进去，从而无法有效捕捉资产价格波动的实质。部分学者将数值表征基本面信息和文本向量表征的媒体信息直接拼接，研究其对证券市场波动的影响，不可避免地忽略了这两类特征之间的交互作用对证券市场波动产生的影响。现有的少部分研究考虑到企业关联关系对证券市场波动的影响力，将其与基本面信息拼接，探究二者对证券市场波动的共同影响，因而又不可避免地忽略了媒体信息，及三者之间的交互作用对证券市场波动的影响作用。如何在融合三大类影响因素的同时，尽可能地考虑和保留它们之间的交互作用，是应用"融合"思维捕捉证券市场波动内在机理的关键所在。

第二，证券市场是一个复杂的动态系统，上市公司之间具有多种多样的关联关系。事实上，在证券市场中，各企业因其内在价值的关联性、企业之间的竞争与合作、投资者对不同企业资产的认知和比较，以及监管部门的监管需求而产生不同类型的关联，构成了一个复杂且动态变化的企业关联网络。更重要的是，企业之间的各种关联关系的重要程度和影响作用会随着市场运行态势的变化而变化。如何将企业之间的多种关联关系进行合理地融合，捕捉企业间各种关联的重要性随市场运行而动态变化对资产价格波动的影响作用，是面向证券市场波动的智能计算研究亟需解决的关键问题，也是深入理解和捕捉影响证券市场波动的本质因素的关键。

本书提出了一个基于深度图神经网络算法的智能计算框架，在融合企业之间的多种关联关系的基础上，动态地捕捉各种关联在不同时期随市场运行状态而变化的影响作用。同时，本书将三大类影响市场波动的因素（基本面信息、媒体信息和企业关联关系）放入统一框架，考虑各类因素的交互作用对证券市场波动的合力影响,从而为真正理解我国证券市场微观结构和内在运行机理,有效分析和捕捉影响证券市场波动的本质因素,并对复杂的证券市场运动过程进行合理建模,以洞悉复杂而动态变化的市场运行全貌提供参考。

2.5 本章小结

证券市场是一个复杂的动态系统,其波动受到各种因素的共同影响。如何真正理解我国证券市场微观结构和内在运行机理,有效分析和捕捉影响证券市场波动的本质因素,并对复杂的证券市场运行过程进行合理建模,从而洞悉复杂而动态变化的市场运行全貌,是资本市场波动风险研究面临的一个巨大挑战,其对政策制定者、上市公司及所有市场参与者而言都至关重要。本书立足于大数据的视角,从实证资产定价和深度学习在金融中的应用两个方面,探究基于媒体关联的企业关联关系的存在性和有效性。在验证中国证券市场存在基于媒体关联的动量溢出效应的基础上,构建面向证券市场真实波动的智能计算分析模型,以捕捉基于多种企业关联的动量溢出效应和多源异构的市场信息融合后的新特性对企业资产价格波动的影响作用。本书旨在为真正理解我国证券市场微观结构和内在运行机理,探究影响市场波动的本质因素和内在规律提供解决思路和方法参考。

第一,本章系统地梳理和回顾了证券市场波动的相关理论,评述了相关理论的发展状态和面临的挑战,为本书奠定坚实的理论基础;第二,本章对股票联动性与动量溢出效应研究相关的文献进行了系统的梳理和详细的探讨,厘清了企业关联关系在资本资产定价研究中的发展脉络和发展方向,指出了现有研究的不足与尚未解决的问题,从而为深入探讨本书提出的问题,论证本书的可行性、合理性和必要性提供了理论支撑;第三,本章详细回顾了媒体新闻信息与证券市场波动的重要研究文献,指出媒体信息对证券市场波动的重要影响作用,为本书以现有的证券市场媒体效应研究成果为基石，从大数据视角出发，探究基于媒体关联的上市公司动量溢出效应的方法可行性与创新性提供了理论依据；最后，本章系统地梳理了面向证券市场波动的分析模型及相关应用，对比了数理统计模型与计量经济学模型，以及面向证券市场波动的智能计算模型在证券市场波动研究中的应用，为本书运用量化智能计算模型解决金融问题的必要性和有效性提供了理论指导。

3 媒体关联与企业关系网络构建

通过对现有文献的梳理可知，企业之间的关联关系是影响证券市场波动的重要因素，探究企业关联关系对证券市场波动的影响作用有助于深入理解证券市场微观结构和内在运行机理。然而，资本市场涵盖了多样资产和各类市场参与者，是一个复杂且不断变化的综合系统。在这个市场中，各个企业之间因其内在价值的关联性、企业之间的合作与竞争、投资者对不同资产的认知和比较，以及市场监管部门的监管需求而产生不同类别的关联性，构成了一个复杂而动态变化的企业关联网络。如何找到一个合理的企业关联，以有效地衡量企业之间的内在关联关系，是探究企业关联关系对证券市场波动影响的关键，也是本书的重点和难点所在。本书创新性地提出基于媒体新闻共同报道捕捉企业关联关系的思想，系统地论证了以该思想为指导构建的企业关联关系的独特性和有效性，以及相关企业资产价格波动的表现。本章详细论述了企业媒体关联的定义、理论基础、合理性和优越性；介绍了基于媒体关联构建企业关联网络的方法、网络中关联企业的股价相关性分析方法，以及网络中企业的影响力分析方法；介绍了媒体新闻数据的获取及预处理的方法；并系统地分析了所构建的基于媒体关联的企业网络中关联企业之间在不同市场运行时期的相关性，尤其是验证了该企业网络中关联企业的股票价格在市场极端运行时期仍然存在高度相关性。

3.1 企业媒体关联的论述

证券市场涵盖多样资产和各类市场参与者,是一个复杂的动态系统。在这个市场中,各个企业之间因其内在价值的关联性、企业之间的合作与竞争、投资者对不同资产的认知和比较,以及市场监管部门的监管需求而产生不同类别的关联性,构成了一个复杂而动态变化的企业关联网络。现有的研究普遍是基于企业之间的某一种关系(如企业之间的行业关系、供应链关系、地理位置关系、技术亲密性等)将上市企业关联起来,这样不可避免地忽略了企业之间其他关联关系的影响作用,因而导致所构建的企业关联关系的片面性。如何确定一个合理且有效的企业关系代理变量是本书的重点和难点。本小节提出基于媒体关联捕捉企业关联关系的思想,在给企业媒体关联下定义的基础上,论述了基于媒体关联的企业关系的理论基础、合理性及优越性,从而为本书后续研究奠定理论与实证基础。

3.1.1 企业媒体关联的定义

企业的媒体关联是指上市企业通过媒体信息建立的关联关系。具体而言,如果一篇媒体新闻报道中同时提及了任意两家上市企业,则认为这两家企业之间具有关联关系。两家企业在某一段时间内被新闻同时报道的频率代表这两家企业的关联关系的强度。

3.1.2 企业媒体关联的理论基础

本书认为,经常被主流财经新闻媒体共同报道的上市企业之间具有较强的关联关系。本书选取媒体新闻共同报道作为衡量上市企业关联关系的代理变量,主要依据以下两方面的理论基础:

首先,证券市场媒体效应研究成果普遍指出,媒体信息,尤其是媒体新闻信息,对证券市场波动具有重要的影响(Calomiris and Mamaysky,

2019；Tetlock，2007；Tetlock，et al.，2008）。随着信息时代的到来，互联网媒体信息以其传播速度快、覆盖面广、时效性强等特点，对证券市场产生了强烈的冲击（Albuquerque and Vega，2009；Calomiris and Mamaysky，2019；Das and Chen，2007；Engelberg and Parsons，2011；Fang and Peress，2009；Goonatilake and Herath，2007；Xu and Zhang，2013）。如今，互联网上传播的媒体新闻信息对证券市场波动起着日益重要的影响作用。例如，《纽约时报》1998年5月3日刊登了一篇关于癌症治疗新药可能取得重要突破的文章，文中提到生物医药科技企业EntreMed拥有这一突破的特许经营权，该消息一经报道，EntreMed的股价立即大幅上涨。除EntreMed企业外，纳斯达克生物科技综合指数（Nasdaq Biotechnology composite Index）的其他成份股在次日平均上涨7.5%，而这则消息在之后被澄清为假消息（Huberman and Regev，2001）。又例如，2015年4月21日，人民网刊载了一篇题为《4000点才是中国A股牛市的开端》的文章，点燃了市场不理智的疯狂，超过3000万投资者涌入市场，一定程度上充当了2015年中国股灾的助推者和酿造者。Calomiris and Mamaysky（2019）指出，对财经新闻进行分析可以预判一个国家证券市场的未来发展趋势。

事实上，新闻是所有信息的综合反映（Calomiris and Mamaysky，2019；Tetlock，2007）。这些信息既包含宏观经济运行态势、行业和企业基本情况等基本面信息，又包含经济政策、专家意见、投资者情绪、企业业务活动、CEO个人特质，甚至投资者恐慌情绪等一系列与企业基本面无关的信息。对于新闻报道的一个简单而合理的认知是，同一篇媒体新闻通常报道的是具有某种关联关系的事物，这种事物可能是同性质的、同时段发生的、受到同一政策影响的，或者是通过某些特殊事件或关系联系起来的，这种关联可能和基本面信息相关，也可能是由和基本面信息无关的因素决定的。另外，与论坛和社交媒体等社会化媒体信息相比，主流财经新闻媒体报道更具专业性、准确性和启发性，这些新闻内容既包含能够表达企业基本面信息的新闻事实和专家观点，又会影响投资者情绪和投资行为。因此，本书依据我国主流财经新闻媒体报道建立企业关联，认为新闻共同报道既能反映企业的基本面关联，又能反映企业之间除基本面关联之外的其他关联关系。

其次，股票名称是投资者进行投资决策所依据的关键信息，其对证券市场波动的影响早已被证实（Hirshleifer, et al., 2018；Rashes, 2001）[①]。一方面，认知心理学的代表性法则（representativeness）指出，人们在不确定情形下（尤其是极端时刻）通常会抓住问题的某个特征直接推断结果，而不考虑这种特征出现的真实概率以及与特征有关的其他原因。股票名称作为进行证券活动所必须的显著特征，是投资者制定投资决策所依据的重要信息，也是诱发代表性错误的主要渠道（Cooper, et al., 2001；Head, et al., 2009；Hirshleifer, et al., 2018；Lee, 2001；Rashes, 2001）。另一方面，Alter and Oppenheimer（2006）发现，股票名称本身就足以影响投资者的投资行为，那些简称容易被记住的股票，或者其读音更加流畅的股票，具有更高的收益率。事实上，King（1966）提出理论，指出与一组企业相关的信息标志着这些企业的相关性和其股票波动的联动性。因此，本书将新闻共同报道作为衡量企业关联关系的代理变量，基于媒体关联的企业关联关系代理变量的构建方法详见本书4.2.1。

3.1.3 企业媒体关联的合理性及优越性

本书认为，媒体新闻共同报道是上市企业关联关系的有效代理变量，基于新闻共同报道关联起来的企业股票收益率之间极其可能存在动量溢出效应，对相关企业进行识别有助于理解证券市场波动的运行机制和内在机理，主要原因如下：

[①] Cooper, et al.（2001）和 Lee（2001）均发现，在互联网狂热时期，在企业名称中加入". com"之后，股票价格会产生显著为正的异常收益，该现象被称为互联网狂潮带来的". com效应"。Head, et al.（2009）发现，那些名称更容易被记住的企业要比市场组合具有更高的收益率。Rashes（2001）发现，美国一家通信企业MCIC的收益率对另一只名为封闭式基金MCI的收益率具有很高的解释力，二者交易量之间也具有很高的相关性，而这两家企业除了股票名称相似之外几乎没有任何共同点。作者把这种情况归结为投资者混淆了MCIC和MCI的名称。李子广等（2011）发现，对于仅名称相似但没有其他相关性的股票而言，其股票收益率之间存在很强的正相关性，并且名称变更对股票收益率具有显著影响。

第一，新闻是所有信息的综合反映。新闻内容既包含宏观经济运行态势、行业和企业基本情况等基本面信息，又包含经济政策、专家意见、投资者情绪、企业业务活动、CEO个人特质，甚至投资者恐慌情绪等一系列与企业基本面无关的信息。基于行为金融学的研究成果，由于证券市场媒体效应的存在，新闻信息的发布、传播和吸收会对有限理性的投资者的投资行为和情绪产生影响，进而影响投资者制定投资决策。一方面，有限理性的投资者可能会对被新闻共同报道的企业特别留意，引起过度反应；另一方面，投资者受有限注意力的影响，可能会放大被新闻共同报道的企业之间的关联关系，忽略所关注的企业与其他企业之间的关联关系。基于新闻共同报道构建企业之间的关联关系不仅能反映新闻事实，捕捉企业之间的基本面关联关系，而且能反映投资者行为，捕捉投资者有限理性和有限注意力可能引发的非理性因素。事实上，主流财经新闻媒体报道具备专业性、准确性和启发性，其涵盖的信息较为广泛，是所有信息的汇聚地。因此，我们认为依据主流财经新闻媒体报道建立企业关联，既能反映企业的基本面关联，又能反映企业间除基本面关联之外的其他关联关系。

第二，本书提出的基于新闻共同报道的企业关系既涵盖了企业的基本面关联关系，又能够反映企业之间除基本面信息之外的其他关联关系。Ali and Hirshleifer（2020）提出的基于分析师共同提及的企业关系代理变量仅捕捉了企业之间的基本面关联关系。事实上，Ali and Hirshleifer（2020）明确指出，基于分析师共同提及的企业关系代理变量表示的是那些具有基本面关联的上市企业之间的关联关系，如行业关系、供应链关系、技术亲密关系、地域关系等。然而，上市企业之间除了基本面的关联关系，还会受其他非基本面因素影响而产生关联，例如，两家企业名称相似、CEO具有校友关系、受同一政策影响等。本书提出基于新闻共同报道建立的企业关联，既能够反映企业之间的基本面关联关系，又能够捕捉企业之间除基本面信息之外的其他关联关系。

第三，基于新闻共同报道的企业关系代理变量能够唯一标识一对关联企业。与Ali and Hirshleifer（2020）的论点一致，基于新闻共同报道的企业关系代理变量相比其他关联的优势在于，新闻共同报道关联能够唯一标识一对关联企业，其他关联关系仅仅是将关联企业归为一个组。例如，依据同行业，或总部在同一地区建立的企业关联关系只是将相关企业分为一个组，而不能明确辨别企业两两之间的关系。显然地，即使企业依据行业、地域或供应链关系被分为同一个组，这个组内的企业两两之间的关系也不尽相同。基于新闻共同报道的企业关系代理变量能够唯一标识任意一对相关企业。

第四，基于新闻共同报道的企业关系代理变量能够明确衡量企业之间关联关系的强弱。与同行业、同地域或同供应链等使用0—1变量标识企业关系（如是否为同一行业）不同，基于新闻共同报道的企业关系代理变量使用两家企业被共同报道的新闻数量作为关系强度的度量，可以更精确地度量相关企业之间的关联程度。本书使用两家企业在一段时间内被共同报道频率作为这两家企业的关系权重。

第五，基于新闻共同报道的企业关系代理变量具有时效性，能够随市场运行状态的变化而实时地捕捉和更新上市企业之间的关联关系，从而更接近市场的真实运行状况。现有研究中提出的企业关联关系代理变量普遍是基于上市企业的基本面信息决定的，这种关系一旦确定，很长时间内基本上不会有较大的改变，如行业关联、地域关联等。即便是对于可以逐月（季或年）更新的分析师共同提及代理变量而言，其也是根据现有的披露信息中对分析师过去一段时间（月度、季度或年度）的持有情况做出分析，而不具有时效性。基于新闻共同报道的代理变量可以根据新闻的时间动态调整建立关系的时期，并实时地将最新的报道中涉及的信息纳入原有企业网络，从而更接近市场的真实运行状况，且更具时效性。

3.2 基于媒体关联的企业网络构建

本章3.1节详细论述了上市企业媒体关联的定义、理论基础、合理性和优越性，为本书基于媒体关联构建企业关系网络奠定了理论与实证基础。在此基础上，本节将详细阐述基于媒体关联构建企业网络（以下简称为：企业媒体关联网络）的方法、基于该企业网络衡量企业关联关系的方法，以及寻找该企业网络中最具影响力企业的方法，详见下文。

3.2.1 企业媒体关联网络构建方法

本节将详细介绍企业媒体关联网络的构建方法。本书聚焦于捕捉上市企业两两之间的关联关系。如果两家企业被同一篇新闻共同报道，则认为这两家企业之间存在某种关联，由此将所有企业关联起来，形成一个基于媒体关联的企业网络。该网络中的节点代表上市企业，两个节点之间的连边表示相应两家上市企业被新闻共同报道。两家企业被新闻共同报道的频率为两个节点之间连边的权重。

具体而言，假设有一个上市企业集合 $C: \{c_1, c_2, \cdots, c_N\}$，$N$ 表示集合中企业的数量。如果企业 c_i 和 c_j 在 t 时刻被同一篇新闻共同提及，则在企业 c_i 和 c_j 之间建立一条连边，该连边的权重（ω_{ij}）由企业 c_i 和 c_j 在某一时期内被共同报道的新闻篇数（m_{ij}）决定。企业 c_i 和 c_j 连边的权重 ω_{ij} 代表企业 c_i 和 c_j 之间媒体关联的紧密程度，计算方法如公式（3-1）所示：

$$\omega_{ij} = \frac{m_{ij}}{\max\{m_{i1}, m_{i2}, \cdots, m_{iN}\}}, \ \omega_{ij} [0, 1] \quad (3-1)$$

在计算 ω_{ij} 时，本书将与企业 c_i 被共同报道的企业中，共同报道的新闻数量的最大值（$\max\{m_{i1}, m_{i2}, \cdots, m_{iN}\}$）作为归一化的基准，以突出与企业 c_i 被共同报道次数最多的企业与企业 c_i 之间的亲密程度，以及该企业可能对企业 c_i 产生的影响作用。

值得注意的是，依据上述方法构建的企业网络将会过于庞大且冗杂，因而不能很好地刻画和反映上市企业之间的关联关系。依据上述方法，只要上市企业被共同报道过，相应企业之间便存在一条连边。然而，在真实市场中，任意两个企业被共同报道的频率存在差异，有的企业频繁地被新闻共同提及，有的企业可能仅仅只被共同报道过一次，可以认为这样的企业之间的关联关系极弱，甚至仅仅是因为噪音信息而被关联在一起，实际上两家企业可能并无关联。因此，本书进一步对依据上述方法构建的企业网络进行剪枝。本书依据企业被共同报道的频率，将企业网络中弱关联的边剪掉。具体而言，对于企业 c_i，如果与其相连的任意一条连边的权重 ω_{ij} 小于设定的阈值 θ，即 $\omega_{ij}<\theta$，则剪掉该连边，从而得到剪枝后的企业网络。特别的，在该阈值下的网络的整体相关性最强。阈值 θ 的取值范围为 $[0,1]$，本书依次选取 $(0.1, 0.2, \cdots, 1.0)$ 为设定的阈值。衡量企业网络的整体相关性的方法参见本书的 3.2.2 节。

基于该企业网络，本书不仅可以捕捉上市企业之间的直接联系，还可以探究上市企业之间潜在的间接关联联系。图 3-1 为基于媒体关联的企业网络拓扑结构局部示意图。如图 3-1 所示，节点 B，C，D 与节点 A 直接相连，即节点 B，C，D 是节点 A 的邻居节点，意味着企业 A 分别与企业 B，C，D 至少被一篇新闻共同报道，企业 B，C，D 与企业 A 的连边构成了企业 A 的第一层网络。节点 E，F，G，H，I，J 与节点 A 间接相连，意味着企业 A 与企业 E，F，G，H，I，J 中任意一家企业都没有被同一篇新闻共同报道过；但是，这些企业与企业 A 的邻居节点直接相连（与企业 A 的邻居企业至少被一篇新闻共同报道过），我们将企业 A 到企业 E，F，G，H，I，J 的最短连边称为企业 A 的第二层网络。如果网络中存在节点与企业 A 间接相连，且它们之间间隔两个节点，则称该节点为企业 A 的第三层网络中的节点。这种拓扑结构有助于分析基于媒体关联的上市企业之间关联关系的合理性和紧密性。我们假设，企业的媒体关联性在一定程度上导致了相关企业股价波动的一致性，因此，被新闻共同报道的企业的股价相关性更强，没有被新闻共同报道的企业的股价相关性较弱，且对于任意企业 c_i，其与第一层网络中的企业的股价相关性大于第二层网络中的企业的股价相关性。本章 3.4 节对该假设进行了详细的验证与分析，结果表明该假设成立。

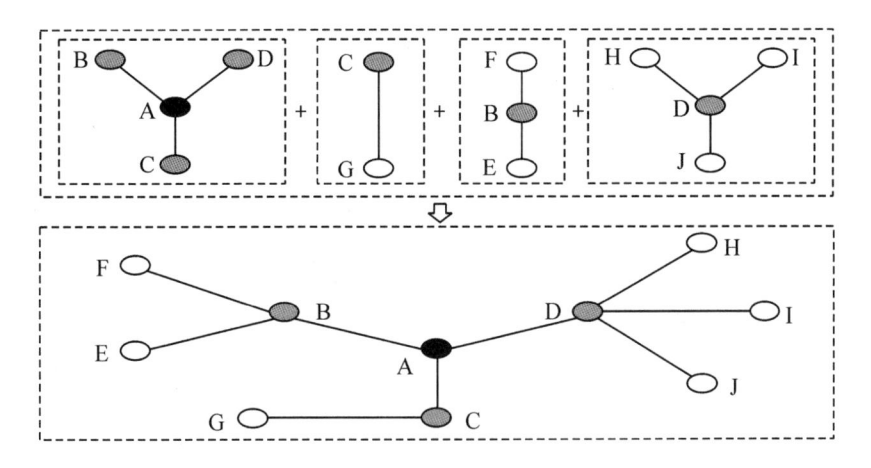

图 3-1 基于媒体关联的企业关系网络拓扑结构局部

3.2.2 基于企业媒体关联网络的股价相关性分析方法

前文介绍了构建基于媒体关联的企业网络的方法，根据新闻共同报道，本书构建了基于媒体关联的企业网络。本部分将根据所构建的企业媒体关联网络分析关联企业在不同市场运行时期的股价相关性。通过股价相关性分析，可以观察到本书构建的企业媒体关联网络为股价动量传导架设了桥梁。在本书的分析中，我们对证券市场正常运行时期和极端运行时期都做了探讨。具体而言，本书将建网后未来两年的证券市场运行态势分为正常运行时期和极端运行时期，旨在验证所构建的企业媒体关联网络中关联企业在未来两年内不同时期的关联状况。对于该企业网络中的任意一个企业，如果该企业和与其直接相连的企业在未来各个时期的股价相关性都很强，则说明所构建的企业网络能够有效捕捉企业之间的关联关系，该企业网络故而有效。本书首先验证所构建的企业网络中，直接相连的企业在未来两年内市场正常运行时期的股价相关性；其次，验证直接相连的企业在未来两年内市场极端运行时期的股价相关性。两个企业之间的股价相关性用皮尔森相关系数计算。企业 c_i 和 c_j 在某一时期内的股价相关性 ρ_{ij} 的计算方法见公式（3-2）：

$$\rho_{ij} = \frac{Cov(p_i, p_j)}{\sqrt{Var(p_i) Var(p_j)}} = \frac{\sum_{t}^{T}(p_{i,t} - \bar{p}_i)(p_{j,t} - \bar{p}_j)}{\sqrt{\sum_{t}^{T}(p_{i,t} - \bar{p}_i)^2 (p_{j,t} - \bar{p}_j)^2}} \quad (3-2)$$

式中，p_i：$\{p_{i,1}, p_{i,2}, \cdots, p_{i,T}\}$ 表示企业 c_i 在 T 个交易日的股票价格序列，$p_{i,t}$ 表示企业 c_i 的股票在第 t 个交易日的股票价格，$\bar{p}_i$ 为企业 c_i 在 T 个交易日中的平均股票价格。ρ_{ij} 越大，则相关联的两家企业 c_i 和 c_j 的股价相关性越强，相应两家公司在基于媒体关联的企业网络中的关联性则越强。

值得注意的是，在构建企业网络时，本书选取某一阈值下，整体相关性最强的网络作为目标企业网络。企业网络的整体相关性 ø 等于网络中所有企业在建网期间的整体股价相关性的均值，计算方法如公式（3-3）所示：

$$ø = \frac{\sum_{i=1}^{N} \rho_{c_i}}{N} \quad (3-3)$$

式中，N 为网络中所有企业的总数，$\rho_{c_i} = \frac{\sum_{j=1, j \neq i}^{n} \rho_{c_i c_j}}{n}$ 为企业 c_i 在建网期的整体股价相关性，由企业网络中与企业 c_i 直接相连（新闻共同报道）的企业在建网期的股价相关性的均值计算而得，n 为网络中与企业 c_i 直接相连的企业的数量。

另外，本书将市场极端运行时期定义为中国证券市场指数（本书选取沪深300指数）日内跌幅超过3%的交易日，其余时期为市场正常运行时期。在市场正常运行时期，两只股票的股价相关系数由日收盘价计算决定，因为市场正常运行时期一般是持续的一段时期，可能是几天、几周，或几个月。然而，市场极端运行时期通常在短时间内发生，日收盘价无法充分反映股票在市场极端运行时期骤跌的表现。因此，在市场极端运行时期，使用该交易日内分钟级高频价格计算两只股票的股价相关系数。针对证券市场正常运行时期和极端运行时期的基于企业媒体关联网络的股价相关性分析结果请参见本书3.4.2节。

3.2.3 基于企业媒体关联网络的企业影响力分析方法

企业媒体关联网络在一定程度上反映了相关企业股价波动的关联性。究其原因，是由新闻内容的本质特性对证券市场波动的影响决定的。事实上，新闻是所有信息的综合反映（Calomiris and Mamaysky, 2019; Tetlock, 2007）。新闻内容既包含宏观经济运行态势、行业和企业基本情况等基本面信息，又包含经济政策、专家意见、投资者情绪、企业业务活动、CEO个人特质，甚至投资者恐慌情绪等一系列与企业基本面状况无关的信息。企业之间基于媒体共同报道的关联关系无疑会对其资产价格产生重要影响。在捕捉了企业之间基于媒体关联的企业关系的基础上，如何辨别各个企业对其他企业，甚至对整个市场的影响力大小值得关注，其对深入认知市场微观结构，预判潜在的波动风险具有重要意义。为此，本书根据所构建的企业媒体关联网络，利用基于图论的网络拓扑结构分析方法的思想，分析各个企业在网络中的影响力，以挖掘企业关系网络中最具有影响力的企业。

探究网络中企业影响力的方法通常可由两类图论拓扑分析方法实现。一类是基于静态解析的网络节点分析方法，即根据节点的出度和入度[①]判断节点在网络中的重要程度。出度和入度是图论中的重要概念，简明且清晰地刻画了某一节点在图的局部拓扑结构中的地位。另一类是基于动态解析的网络节点分析方法，该方法刻画了某一节点在整个图的拓扑结构中的重要性。其中，最具代表性的网络节点动态解析方法是PageRank[②]（Brin, et al., 1998; Li, et al., 2010）。

---

① 图可分为有向图和无向图。有向图确定了顶点相互之间的指向，无向图的所有边都是双向的，即无向边所连接的两个顶点可以互相到达。顶点的度（degree）指与该顶点相连的边的条数。对于有向图而言，从某一顶点指出的边的条数称为该顶点的出度（out-degree），指向某一顶点的边条数称为该顶点的入度（in-degree）。

② PageRank算法又称为网页排名算法，由Google公司创始人拉里·佩奇和谢尔盖·布林于1997年构建搜索系统结构时提出，是Google公司用于标识网页重要程度的方法。使用PageRank算法对网页搜索结果进行排序，可以提升重要性更高的网页在搜索结果中的排名，从而有效提高信息搜索的质量和搜索效率。

PageRank 算法依据某一网页外部链接和内部链接的数量和质量来衡量该网页的重要性,其以"近朱者赤"为基本思想,认为由众多优质的网页链接到的网页一定是优质网页。具体而言,由网页 A 指向网页 B 的链接被认为是网页 A 对网页 B 的投票,依据所有网页对网页 B 的投票数(即链接数)判断网页 B 的重要性。进一步地,分析给网页 B 投票的网页的重要性高低,重要性高的网页所投的票的影响力更大。因此,网页 B 的排名得分(PageRank 值)可以表示为公式(3-4):

$$PR(B) = \frac{1-d}{N} + d\sum_{T_i} \frac{PR(T_i)}{C(T_i)} \qquad (3\text{-}4)$$

式中,$PR(B)$ 是网页 B 的 PageRank 值,$PR(T_i)$ 是链接到网页 B 的第 i 个网页 T_i 的 PageRank 值,$C(T_i)$ 是从网页 T_i 链出的页面数量,即从网页 T_i 指向其他网页的链接数量,N 是所有网页的总数,d 为阻尼因子,用于避免孤立网页对整个网页链接循环过程的影响,$0<d<1$,通常取 $d=0.85$。一个网页的 PageRank 值越高,则这个网页相对于所有网页的重要性越大。

本书基于 PageRank 算法的思想,将所构建的企业媒体关联网络中每个节点(企业)视作一个网页,将网络中每个节点的连边视为链入或链出该节点的页面数量。基于此,计算所构建的企业媒体关联网络中各个企业的 PageRank 得分,以评估每个企业对网络中其他企业的影响程度。企业的 PageRank 值越高,则企业在网络中的重要程度越大。本书所构建的企业媒体关联网络中最具影响力的前 15 家企业的影响力排名参见本书 3.4.3。

3.3 数据准备及统计分析

媒体作为发布和传播信息的媒介,是投资者获取新信息的主要渠道和重要来源,其对证券市场波动产生了日益重要和显著的影响。金融学研究成果表明,证券市场存在媒体效应,新闻信息的发布、传播和吸收无不牵动着证券市场的波动。随着互联网时代的到来,互联网媒体成为投资者获取信息的主要渠道。互联网媒体信息以其传播速度快、覆盖面广、时效性强等特点，对证券市场波动产生了日益重要和显著的影响。本书指出，新闻是所有信息的综合反映，基于新闻共同报道捕捉的企业关联关系既反映了企业之间的基本面关联，又能够捕捉企业之间除基本面信息之外的其他关联关系。基于此，为了探究基于媒体关联的企业之间是否存在稳健的关联关系，并验证企业之间这种关联关系对资产波动的影响作用，本书以CSI 300 成分股为实证研究对象①，根据 CSI 300 成分股或对应企业在 2014年 2 月 1 日至 12 月 31 日期间②被媒体新闻共同报道的频率，构建基于媒体关联的企业网络。本节将着重介绍本书所需数据的准备及统计分析。本节主要由三个部分构成：首先，本节将详细介绍互联网媒体财经新闻的获取方式和新闻数据的预处理过程，为本书后续分析提供研究基础；其次，对研究所涉及的媒体新闻共同报道数据进行描述性统计分析；最后，对本书的研究对象和证券市场交易数据进行描述，详见下文。

3.3.1 媒体新闻数据获取及预处理

此处将对媒体新闻信息的获取及预处理方法进行介绍。事实上，随着信息时代的到来，互联网媒体成为投资者获取信息的主要渠道。互联网媒体新闻信息以其传播速度快、覆盖面广、时效性强等特点，对证券市场波动产生了日益显著的重要影响。鉴于主流财经新闻媒体报道具备专业性、

---

① 沪深 300 指数（CSI 300）由中国 A 股市场中流动性最强和规模最大的代表性股票组成，是反映中国证券市场 A 股整体走势和运行状况的权威指数。基于信息扩散观，本书认为 CSI 300 成分股相比其他股票而言，具有更低的交易成本，或投资者更容易获取市场范围内的信息，因而能够更迅速地吸收新信息（Barberis, et al., 2005）。对于尚不成熟的中国证券市场而言，CSI 300 是市场的风向标，也是有理性的市场参与者关注的焦点和决策指南。另外，从数据收集的角度而言，CSI 300 成分股的新闻数量更多，其被报道内容涵盖的范围更广。选取 CSI 300 成分股可以避免公司自身特性对结果产生的影响，也可避免公司受关注的程度不同而导致公司的新闻数量严重不平衡的情况。

② 为了探究基于媒体新闻共同报道构建的企业关联关系的有效性和稳健性，本书将选取新闻报道构建基于媒体关联的企业网络的时间窗口定为 2014 年，旨在探究基于媒体新闻报道构建的企业关系网络在 2015 至 2016 年中国证券市场遭遇极端市场运行时对证券市场波动的影响作用。本书 4.3.1 详细论证了选取 2014 年 2 月 1 日至 12 月 31 日期间的新闻报道构建企业关系网络的原因。

准确性和启发性，且涵盖的信息较为广泛，其可以被看作所有信息的汇聚地。本书主要聚焦于我国主流财经媒体在互联网上发布的新闻报道。具体的新闻信息获取及预处理方法如下文所述：

本书针对中国 13 个主流财经媒体[①]在互联网上发布的新闻信息，设计并搭建了一个定向分布式网络抓爬引擎。该框架使用 Celery 分布式任务队列和 NFS 网络文件系统技术高效管理抓爬引擎；使用 MongoDB 数据库存储新闻文本信息；使用广度优先策略分配抓爬任务。该方式实现了快速、高效、准确获取媒体新闻数据，从而为本书的顺利进行奠定坚实基础。特别地，MongoDB 是一个基于分布式文件存储的 NoSql 数据库系统，其没有复杂的 SQL 语句，适用于存储文本类非结构化数据，且具有极强的存储性能。图 3-2 为本书搭建的定向分布式网络抓爬引擎技术路线。

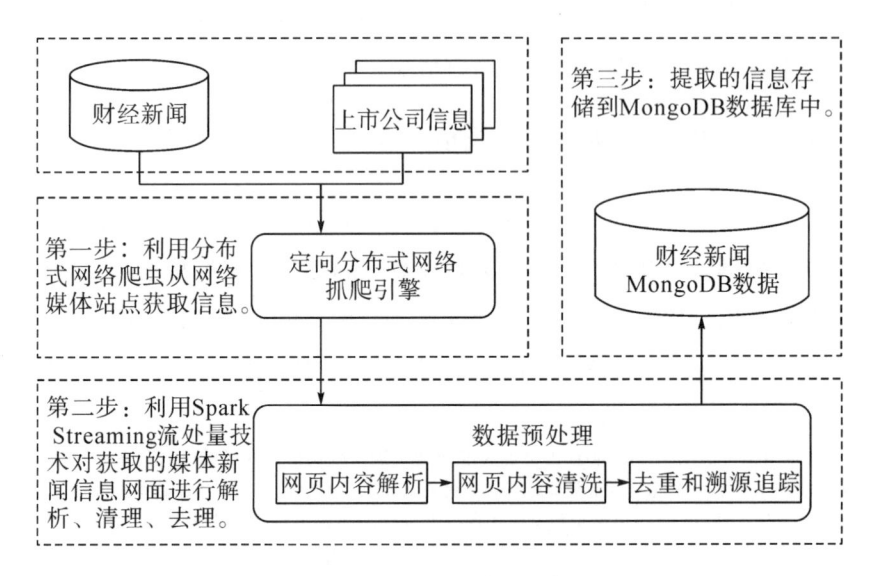

图 3-2　定向分布式网络抓爬引擎技术路线

---

① 包括东方财富（https://www.eastmoney.com/）、中证网（http://www.cs.com.cn/）、和讯网（http://www.hexun.com/）、新浪财经（https://finance.sina.com.cn/）、腾讯财经（https://finance.qq.com/）、网易财经（https://money.163.com/）、环球财经网（http://www.jingjinews.com/）、财经新闻网（http://www.cncjxw.com/）、国际财经网（http://www.waihuigu.net/）、中国影响力网（http://www.chinayxl.com/）、环球金融网（http://www.caijingtt.com/）、财经界（http://www.zgcjj.cn/）、凤凰财经（https://finance.ifeng.com/）等中国影响力较大的财经主流网络媒体。

该定向分布式网络抓爬引擎获取互联网财经媒体新闻的具体步骤
如下：

① 获取主流财经媒体网站初始页面：利用所构建的分布式网络爬虫从
指定的财经媒体网站链接获取初始页面。

② 解析页面：对初始页面进行解析，并获取包含企业名称、相应股票
名称或股票代码的新闻文章链接，并存储在链接列表中。注意，由于不同
的网站存在结构差别，可能需要针对不同的网站使用不同的解析方式。

③ 主爬虫依据当前系统状态和所需时间分配爬虫任务，根据任务发送
请求（request）抓取数据：设定时间间隔，在每次爬取数据前对时间间隔
进行判断，符合时间间隔要求后才进行爬取操作，以减轻所爬数据源压
力，降低被拒可能性。

④ 利用 Spark Streaming 流处理技术对获取的新闻信息网页进行解析、
清洗、去重和溯源追踪。

⑤ 将提取的财经新闻发布源、发布时间、新闻标题以及新闻内容等信
息存储到 MongoDB 数据库中。

本书利用 Spark Streaming 流处理技术对网络抓爬器获得的信息进行文
档去重和溯源追踪处理。结合网页标签和正则表达式技术，对所爬取的网
页进行初步清理，并从中提取财经新闻发布源、发布时间、新闻标题以及
新闻内容等信息。考虑到存在同一财经新闻被不同的财经网站转载报道的
情况，为了减少检索到的冗余文章的数量，故需对已获取的信息进行文档
去重和溯源追踪。通过加密算法（SHA256）将清理后的文档信息转换成
256 位的哈希值有助于进行对比去重，从而标记最早发布该信息的文档。
本书设定保留企业名称（股票名称、或股票代码）在新闻标题中出现一次、
在文本中至少出现三次的新闻，以降低噪音信息的影响（Li, et al., 2016a）。

3.3.2 媒体新闻数据描述性统计分析

本书以沪深 300 指数成分股为实证研究对象，使用自主搭建的定向网
络抓爬器，从中国 13 个主流的财经新闻媒体网站爬取了 42 735 篇提及 CSI

300 成分股的新闻报道，并从中筛选出 17 685 篇共同提及至少两家 CSI 300 成分股的新闻报道。表 3-1 是本书所涉及的新闻及企业被新闻共同报道情况的描述性统计表。

表 3-1 新闻及企业共同报道概况描述性统计表

语料库中新闻的总数/篇	42 735
语料库中一篇新闻的平均长度/词数	1 124
一个企业涉及新闻的最大数量/篇	484
一个企业涉及新闻的平均数量/篇	158
语料库中至少提及两家企业的新闻的总数/篇	17 685
每对企业被共同报道的新闻的最大数量/篇	376
每对企业被共同报道的新闻的平均数量/篇	39

由表 3-1 可知，本书所使用的新闻报道中，平均每篇新闻包含 1 124 个词。CSI 300 成分股中的企业在 2014 年 2 月 1 日至 12 月 31 日期间最多被 484 篇新闻报道过，每家企业在此期间平均被 158 篇新闻报道提及。在 2014 年 2 月 1 日至 12 月 31 日期间共有 17 685 篇新闻报道同时提及至少两家 CSI 300 成分股，其中，每对企业最多被 376 篇新闻共同报道，每对企业平均被新闻共同报道的数量为 39 篇。

3.3.3 证券市场交易数据准备

本书以 CSI 300 成分股为研究对象，样本数据的起始时间为 2014 年 1 月 1 日，结束时间为 2016 年 12 月 31 日。本书基于 2014 年共同提及 CSI 300 成分股的媒体新闻报道构建企业媒体关联网络，使用股票交易数据验证该企业网络中相关联企业的关联关系。特别地，在构建并选取了最优企业媒体关联网络①的基础上，为了验证所构建的企业关系网络中关联企业

---

① 本书将最优企业媒体关联网络定义为网络中相连接的企业的股价相关性的均值最高（即整体网络相关性最大）的网络，最优企业媒体关联网络的构建和选取方法详见本章 4.2.1，最终选取的最优企业媒体关联网络及选取过程的相关分析见本章 4.4.1。

的关联关系在未来的表现，本书进一步探究了未来两年（2015年1月1日至2016年12月31日）内，所构建的企业媒体关联网络中关联企业股票价格和股票预期收益率之间的相关关系。股票历史交易数据来自国泰安（CSMAR）经济金融研究数据库[①]，包含日级的股票价格和收益率数据，以及分钟级的股票价格数据。其中，分钟级的股票价格数据主要用于验证市场极端运行时期所构建的企业媒体关联网络中相互连接的企业的股价相关程度。

构建基于媒体关联的企业网络的时间为2014年1月1日至2014年12月31日。验证网络有效性的时间为2015年1月1日至2016年12月31日，其中涵盖了2015年股灾时期（2015年6月15日至2015年7月6日）、2016年熔断时期（2016年1月4日和2016年1月7日）[②]，及另外11个CSI 300日跌幅超过3%的交易日。特别地，本书将CSI 300日跌幅超过3%的交易日称为市场极端运行时期，其余时期称为市场正常运行时期，表3-2列出了2015年至2016年中国证券市场的极端运行时期。

表3-2 2015—2016年中国证券市场极端运行时期一览表

日期	跌幅（≤-3%）	特殊事件
2015-01-19	-7.702%	
2015-05-28	-6.705%	
2015-06-19	-5.953%	2015年股灾期间
2015-06-26	-7.868%	2015年股灾期间

---

① CSMAR经济金融研究数据库是国泰安从学术研究的需求出发，借鉴芝加哥大学CRSP、标准普尔Compustat、纽约交易所TAQ、I/B/E/S、Thomson等国际知名数据库的专业标准，并结合中国实际国情开发的经济金融型数据库，详情可访问www.gtarsc.com。

② 2016年1月1日，中国证券市场正式确立实施熔断机制，中国股市就此进入熔断时代。然而，2016年1月4日，即中国证券市场确立实施熔断制后的首个交易日，中国股市便连续两次触发熔断阈值，并于当日下午1点33分提前收市。在相隔两天后的2016年1月7日，中国股市开盘仅12分钟便触发5%的熔断阈值，整个市场交易停止15分钟，复盘后，市场交易仅持续一分钟便再次触发7%的熔断阈值，致全天闭市，当日总交易时间不足30分钟。中国证监会随后于1月8日宣布暂停实施这一交易制度。鉴于2016年1月7日的交易时长太短，不足以进行实证分析，本书将2016年1月7日的数据样本剔除。

表3-2(续)

日期	跌幅（≤-3%）	特殊事件
2015-06-29	-3.336%	2015年股灾期间
2015-07-01	-4.918%	2015年股灾期间
2015-07-02	-3.410%	2015年股灾期间
2015-07-03	-5.406%	2015年股灾期间
2015-07-08	-6.746%	
2015-07-15	-3.536%	
2015-07-27	-8.561%	
2015-08-18	-6.191%	
2015-08-24	-8.748%	
2015-11-27	-5.385%	
2016-01-04	-6.985%	中国股市熔断日
2016-01-07	-6.933%	中国股市熔断日
2016-01-11	-5.031%	
2016-01-26	-6.021%	
2016-02-25	-6.136%	

从表3-2可知，2015—2016年共有19个交易日沪深300指数的跌幅超过3%。2015年共有14个极端市场运行时期，其中6个极端运行时期发生在2015年中国股灾期间；2016年共有5个极端市场运行时期，其中2个极端运行时期为中国股市触发熔断机制的交易日。

3.4 基于企业媒体关联网络的企业关联性分析

本章3.2节介绍了企业媒体关联网络的构建方法，本节将依据3.2节的方法构建企业媒体关联网络，并分析所构建的企业媒体关联网络中关联企业之间的相关关系。本节主要包括三个部分：第一，以沪深300指数成分股为研究对象，构建基于媒体关联的企业网络，并选取最优企业网络，从而为本书后续章节的分析奠定研究基础；第二，对所构建的企业媒体关联网络展开详细的分析，包括对企业媒体关联网络的描述性统计分析，以及分析建网期间和建网后期市场不同运行状态下，网络中关联企业之间的资产价格波动的关联性；第三，对企业网络中最具影响力企业进行分析与鉴别。

3.4.1 企业媒体关联网络构建分析

本书以沪深 300 指数成分股为研究对象，根据沪深 300 指数成分股中企业是否被新闻共同报道建立企业之间的关联，并依据两两企业之间的关联程度构建基于媒体关联的企业网络。在构建企业网络的过程中，需要解决两个问题。第一，选取多长时间的新闻来构建企业网络。本书提出基于上市企业是否被新闻共同报道建立企业之间的关联关系，选取多长时间的新闻报道作为捕捉和建立企业关联关系的依据，是需要解决的首要问题。第二，如何确定最优企业网络。在真实市场中，任意两个企业被共同报道的频率存在差异，有的企业频繁地被新闻共同提及，有的企业可能仅仅只被共同报道过一次，可以认为这样的企业之间的关联关系极弱，甚至仅仅是因为噪音信息而被关联在一起，实际上两家企业可能并无关联。如果仅仅依据两家企业是否被新闻共同报道，而不考虑其被新闻共同报道的频率，这样构建的企业网络是庞大而冗杂的，可能会受到噪音信息的影响而无法有效反映企业之间的真实关联关系。因此，在构建基于媒体关联的企业网络时，本书要进行剪枝和阈值筛选，遍历阈值的所有选取范围，在所选取的某一阈值下，将网络中任意一对节点之间连边的权重与所选取的阈值进行比较，对连边权重小于阈值的边进行剪枝操作，得到该阈值下剪枝后的企业网络，并计算所得企业网络的整体相关性，将所有阈值下得到的企业网络进行对比，选取整体相关性最强的网络作为目标企业网络，并将该阈值作为剪枝的基准。

针对第一个问题，本书从建网的基准点起，分别以 1 个月、2 个月至

12个月的媒体新闻构建基于媒体关联的企业网络，计算每个网络的整体相关性，选取整体网络相关性最高的企业网络为目标网络，构建该网络所需的新闻时长为最佳时长。本书旨在验证基于媒体关联的企业网络能够捕捉上市企业之间的关联关系，以及该关联关系的有效性和稳健性。事实上，本书试图验证即便在市场极端运行时期，这种基于媒体关联的企业关系仍然存在且有效。考虑到中国证券市场在2015年下半年及2016年上半年存在极端运行时期，甚至发生了股灾和熔断等市场极端运行态势；因此，本书以2014年的新闻报道为基础，构建基于媒体关联的企业网络，并验证该企业网络在2015—2016年的市场正常运行时期和极端运行时期的有效性。具体而言，本书选取2014年12月31为基准点，分别往前选取1个月、2个月至12个月的媒体新闻构建企业关系网络，通过一系列的实验，选取构建基于媒体关联的企业网络的最佳时长。图3-3展示了选取不同时长的新闻构建的基于媒体关联的企业网络的整体相关性表现。由图3-3可知，11个月的新闻报道为最佳选择。因此，本书选取2014年2月1日至2014年12月31日期间发布的新闻来构建基于媒体关联的企业网络。值得注意的是，针对选取新闻的每一个时段，都需要对该时段下基于新闻关联构建的企业网络进行剪枝，以确定每个新闻时段下的最优企业网络，即解决本小节提出的第二个问题。

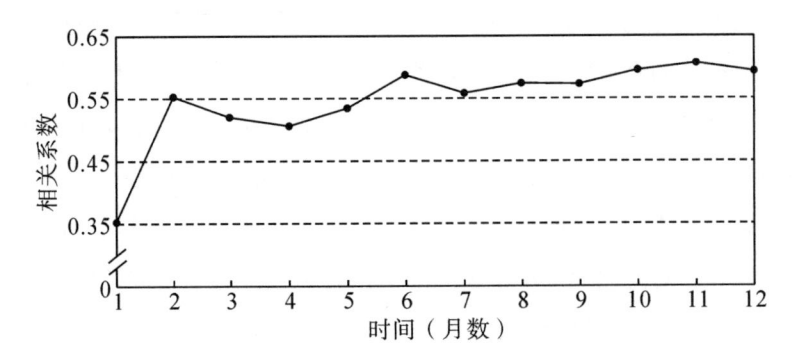

图3-3 新闻时长与企业网络整体相关性表现

针对第二个问题，在构建基于媒体关联的企业网络的过程中，针对所选取的每一个新闻时段，在依据该时段的新闻报道构建基于媒体关联的企业网络后，需要对所构建的网络进行剪枝，以选取该时段下的最优企业网络。对于每一个新闻时段下构建的企业网络，遍历阈值，从（0.1，0.2，⋯，1.0）的阈值范围中依次选取阈值对该网络进行剪枝，并计算每一阈值下剪枝后企业网络的整体相关性，选取整体网络相关性最强的网络为该新闻时段下的最优网络。也就是说，本书依据新闻时段和阈值，共进行了 12×10 次实验和筛选，以确定最优新闻时段下的最优企业网络。图 3-4 展示了依据 11 个月的新闻构建的企业网络在不同阈值下的网络整体相关性。由图 3-4 可知，依据阈值为 0.6 对基于 11 个月的新闻构建的企业网络进行剪枝，得到的企业网络的整体相关性最强。因此，本书选取 2014 年 2 月 1 日至 2014 年 12 月 31 日期间发布的新闻来构建基于媒体关联的企业网络，以 0.6 为阈值对该企业网络进行剪枝，所得到的网络为最优企业网络。后文的所有分析都是基于该最优企业网络展开的。

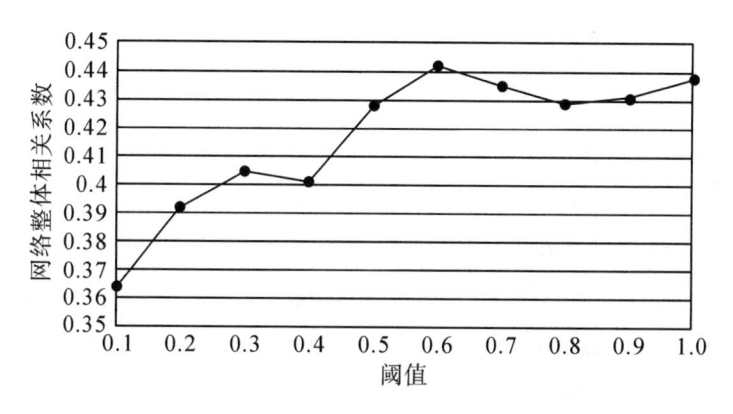

图 3-4　不同阈值下企业网络整体相关性表现

3.4.2　企业媒体关联网络中的企业关联性分析

本章 3.4.1 以 CSI 300 成分股为标的股票，构建了最优的基于媒体关联的企业网络。本节将对所构建的基于媒体关联的企业网络进行描述性统计分析，旨在为本书的后续研究和分析奠定基础。表 3-3 节选并展示了本书所构建的基于媒体关联的企业网络中直接相连的企业之间的关联状态。

表 3-3 的第一列和第二列分别为基于媒体关联的企业网络中的企业的股票代码，其中，每一行对应的两家企业表示在企业网络中直接相连的一对企业，意味着这两家企业是被新闻共同报道的关联企业。表 3-3 的第三列代表企业网络中每对直接相连的企业被新闻共同报道的次数（提及该对企业的新闻的篇数），表 3-3 的第四列为企业网络中每对直接相连的企业之间连边的权重，即被新闻共同报道的频率。两个企业被新闻共同报道的次数越多，其股票之间的关联程度越紧密，它们之间的权重 ω_{ij} 就越大。

表 3-3 基于媒体关联的企业网络中部分企业关联关系

目标企业	关联企业	共同报道的新闻数量(m_{ij})	连边权重(ω_{ij})
601989	600036	175	1
601989	600016	146	0.8343
601398	601988	337	1
601939	601398	278	1
601939	601988	275	0.9892
…	…	…	…
300251	601098	28	1
300251	000793	24	0.8571
300251	603000	23	0.8214
300133	300251	105	1
300124	600066	11	1
002673	600030	71	1
002673	600999	65	0.9155
002673	000776	61	0.8592

由表 3-3 可以清楚地看出企业的关联关系，例如，以企业中国重工（601989）为目标企业，其与网络中两家企业被新闻共同报道，分别是与招商银行（600036）被 175 篇新闻共同报道，与民生银行（600016）被

146篇新闻共同报道。根据本章4.2.1提出的企业关联程度（ω_{ij}）的计算方法可知，中国重工（601989）与招商银行（600036）最相关，关联程度为1。中国重工与招商银行之间的关联程度高于其与民生银行（600016）之间的关联程度。

根据本章3.1.1的定义可知，在所构建的基于媒体关联的企业网络中，直接相连的两家企业表示这两家企业至少被同一篇新闻共同报道过，间接相连的企业代表两家企业没有被新闻共同报道过，但是这两家企业分别与另一家企业至少被同一篇新闻共同报道过，因而有可能存在某种间接的关联关系。为了验证所构建的基于媒体关联的企业网络中相关联企业之间存在关联关系，我们提出如下假设：

假设1：经常被新闻共同报道（企业网络中直接相连）的企业的股价相关性更强，没有被新闻共同报道（企业网络中间接相连）的企业的股价相关性较弱。

假设2：对于该网络中的任意一个企业，其与和其被新闻共同报道的企业的整体股价相关性（与其第一层网络中企业的股价相关性的均值）大于与其没有被新闻共同报道的企业的整体股价相关性（与其第二、三层网络中企业的股价相关性的均值）。

为了验证上述两个假设，本书分别计算了建网期内企业网络中各个企业与其他企业之间的股价相关性，包括与其被新闻共同报道的企业的股价相关性，与其没有被新闻共同报道但具有间接关联的企业的股价相关性。对于企业网络中任意目标企业，与其直接（间接）相连的所有企业和该目标企业的股价相关性的均值被称为该目标企业的整体股价相关性（即ρ_{c_i}）。本书分别计算了目标企业与其第一层、第二层和第三层网络中所有企业的股价相关性的均值，旨在评估被新闻共同报道的企业之间的股价相关性是否更强，以验证上述两个假设。图3-5展示了基于媒体关联的企业网络中所有企业在整个网络中的整体股价相关性的分布情况。其中，图3-5（a）展示了基于媒体关联的企业网络中任意一个企业与其第一层网络中企业的整体股价相关性。由图3-5（a）可知，本书所构建的基于媒体关联的企业网络中，大多数企业与其第一层网络中所有企业的整体股价相关性在0.4至1之间，表明该企业网络中直接相连的企业的股价相关性较高。300家企业中有107家企业与其第一层网络中所有企业的整体股价相关系数大于0.8，表明被媒体新闻共同报道的企业的股票价格之间具有极强的相关关系。图3-5（b）展示了基于媒体关联的企业网络中任意一个企业与其第二、三层网络中企业的整体股价相关性。由图3-5（b）可知，大多数企业与其第二层网络中所有企业的整体股价相关系数小于0.2，只有56家企业与其第二层网络中所有企业的整体股价相关性大于0.4，且仅有43家企业与其第二层网络中所有企业的整体股价相关性在0.6之上，表明没有被媒体新闻共同报道，但分别与某一企业被新闻共同报道的企业之间具有一定的间接关联关系。网络中所有企业与其第三层网络中所有企业的整体股价相关性都小于0.2，进一步说明没有被新闻共同报道的企业之间的股价相关性较弱。由此验证上述两个假设，说明经常被新闻共同报道的企业股价相关性更强，没有被新闻共同报道的企业股价相关性较弱。图3-5表明了本书构建的基于媒体关联的企业网络的有效性，基于媒体新闻共同报道的频率捕捉企业之间的关联关系在一定程度上具备有效性和合理性。

（a）企业与第一层网络中企业的整体股价相关性

（b）企业与第二、三层网络中企业的整体股价相关性

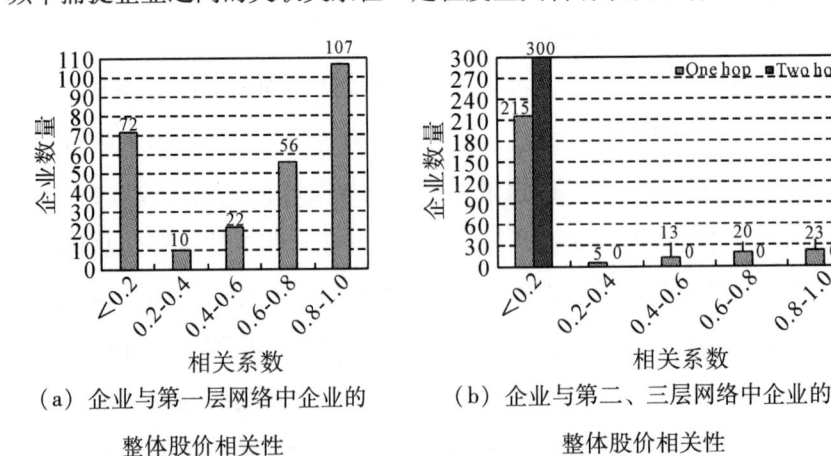

图3-5 基于媒体关联的企业网络中所有企业的整体皮尔森相关系数分布

为了探究本书构建的企业媒体关系网络是否能够反映关联企业资产价格之间的关联关系，本书进一步分析了建网后期不同市场运行状态下，网络中关联企业之间的资产价格波动的关联性。特别地，为了验证本书构建的企业媒体关联网络能够很好地反映关联企业资产价格之间的关联关系，本书进一步构建了两个企业关系网络与其进行对比，即基于历史股价相关性构建的企业关系网络，及随机构建的企业关系网络，本节将对此进行详细论述。

对于基于历史股价相关性构建的企业关系网络，本书依据构建基于媒体关联的企业网络的时间和所涉及的企业，分别计算两家公司在 2014 年 2 月 1 日至 12 月 31 日期间的历史价格的皮尔逊相关系数。具体而言，对于本书所构建的基于媒体关联的企业网络中的任意一家企业 A，计算 2014 年 2 月 1 日至 12 月 31 日期间 CSI 300 成分股中其余 299 家企业与企业 A 的股价相关性，并依据相关性的大小对 299 家企业进行排序，选取与企业 A 在基于媒体关联的企业网络直接相连的企业数量相等的企业，作为基于历史股价相关性的企业网络中与企业 A 直接相连的企业，以此构建基于历史股价相关性的企业网络。

对于随机构建的企业关系网络，其涉及的企业与基于媒体关联的企业网络相同，其中直接相连的两两企业是随机选取的。值得注意的是，上述两个作为比较基准的企业关系网络中涉及的企业，以及与每个企业直接相连的企业的个数都与本书构建的基于媒体关联的企业网络相同，即三个企业网络的网络拓扑结构相同，因而具备可比性。

在构建了企业关系网络之后，本书分别验证了上述三个企业网络在未来两年内的整体相关性（即 $\emptyset$）的表现，特别是验证了在未来两年中市场极端运行时期网络的整体相关性的表现。本书认为，企业网络的整体相关性越大，则说明企业关系网络中企业间关联关系在未来的两年内更加具备可持续性和稳健性。结果表明，即使基于股价相关性的企业网络是反映上市公司历史价格在建网期间股价同步性的最优网络，其可持续性和稳健性都不如本书构建的基于媒体关联的企业网络。随机构建的企业网络的表现更是远低于基于媒体关联的企业网络，实验结果如图 3-6 和图 3-7 所示。

从图 3-6 可以看出，在 2015 年 1 月 1 日至 2016 年 12 月 31 日期间（由 1~24 个月表示），基于媒体关联的企业网络的整体相关性最强，其次是基于股价相关性构建的企业网络，随机构建的企业网络的整体相关性非常低，说明本书构建的基于媒体关联的企业网络能够有效地捕捉上市企业之间的关联关系，且基于媒体关联的企业关系具备可持续性和稳健性。

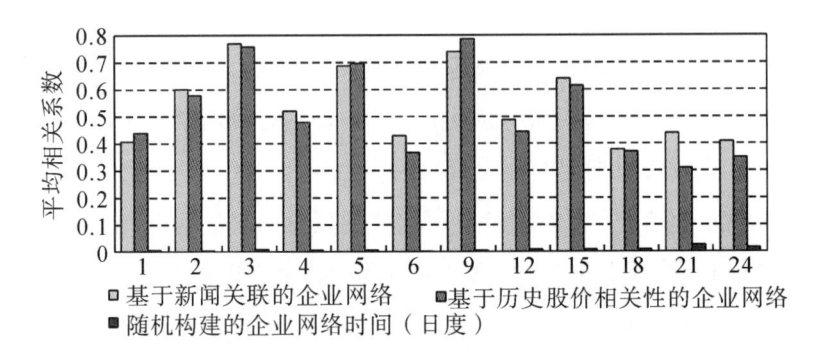

图 3-6　企业网络的整体相关性在 2015—2016 年中市场正常运行时期的表现

本书进一步验证了基于媒体关联的企业网络在市场极端运行时期的可持续性和稳健性。事实上，在市场极端运行时期，尤其是股灾暴发时，由于投资者之间会产生情绪和行为的传染性恐慌，上市公司的资产价格会受到整个市场运行态势的影响而趋于一致（Pedersen，2009）。如果企业网络中捕捉的企业关联关系在未来的市场极端运行状态下仍然存在，则说明该企业网络在一定程度上可以揭示企业之间的稳健的内在关联关系。本书验证了基于媒体关联的企业网络在 2015 年 1 月 1 日至 2016 年 12 月 31 日期间的 19 个市场极端运行交易日的表现。图 3-7 描绘了基于媒体关联的企业网络、基于历史股价相关性的企业网络和随机构建的企业网络在市场极端运行时期整体网络相关性的表现。由图 3-7 可知，基于媒体关联的企业网络捕捉的企业关联关系在随后两年的市场极端运行时期仍然表现出较强的有效性、可持续性和稳健性，说明基于媒体关联的企业关系可以揭示企业之间的内在关联关系。

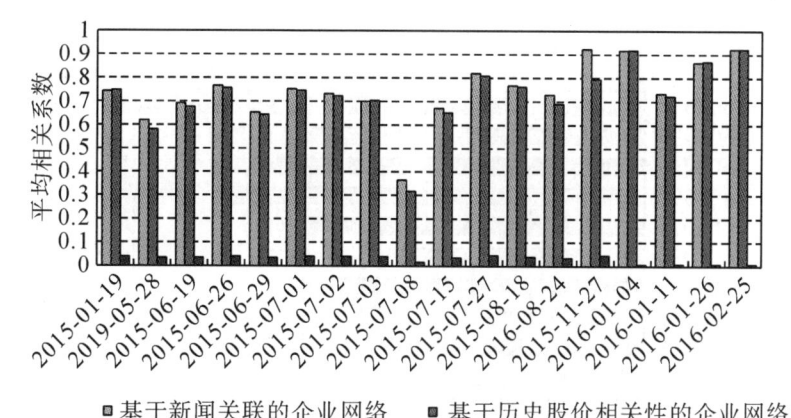

■ 基于新闻关联的企业网络　　■ 基于历史股价相关性的企业网络
■ 随机构建的企业网络时间（日度）

图 3-7　企业网络的整体相关性在 2015—2016 年中市场极端运行时期的表现

3.4.3　企业媒体关联网络中最具影响力企业分析

根据所构建的企业媒体关联网络中各个企业的 PageRank 得分，本书将网络中所有的企业进行排序，排序的先后反映了企业在网络中重要程度的大小。图 3-8 展示了本书构建的企业媒体关联网络中最具影响力的 15 家企业。从图 3-8 可知，根据企业的 PageRank 得分，最有影响力的公司主要来自银行和证券领域，其中，排名前 15 的最有影响力的企业分别为：中信证券（600030）、中国银行（601988）、招商银行（600036）、工商银行（601398）、民生银行（600016）、建设银行（601939）、长江证券（000783）、招商证券（600999）、华泰证券（601688）、广发证券（000776）、交通银行（601328）、农业银行（601288）、中国平安（601318）、兴业银行（601166）和中信银行（601998）。事实上，这些企业更容易与其他企业产生关联，这些企业的资产价格波动更容易引起基于媒体关联的企业网络中与其相关联的其他企业的资产价格波动，新信息也会通过这些企业在网络中更快地传播。对这些企业进行更好的风险管理，将有助于降低整体市场风险。

PageRank 值

股票代码	PageRank值
600030	0.0479
601988	0.0383
600036	0.0382
601398	0.0377
600016	0.0300
601939	0.0277
000783	0.0269
600999	0.0250
601688	0.0238
000776	0.0228
601328	0.0198
601288	0.0177
601318	0.0106
601166	0.0101
601998	0.0094

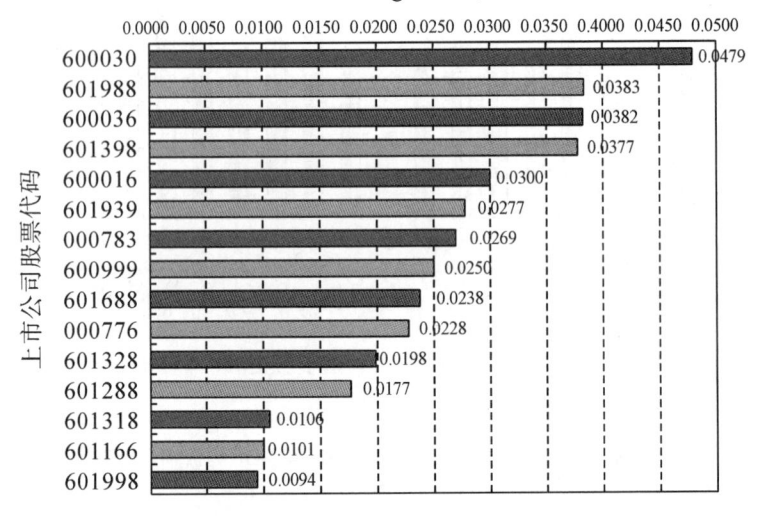

图 3-8 网络中最具影响力的 15 家企业

3.5 本章小结

上市企业之间的关联关系是影响证券市场波动的重要因素。为了捕捉上市企业之间的关联关系对证券市场波动的影响作用，本书提出基于媒体新闻共同报道构建企业关联关系的思想。本章详细论述了企业媒体关联的定义、理论基础、合理性和优越性；系统地介绍了基于媒体关联的企业网络构建方法、网络中关联企业的股价相关性分析方法，以及网络中企业的影响力分析方法；以此为基础，本书详细地分析了所构建的企业媒体关联网络中，关联企业在不同市场运行时期的相关性，尤其是验证了该企业网络中关联企业的股价波动在市场极端运行时期仍然存在高度相关性。另外，基于所构建的企业媒体关联网络，本书识别了网络中最具影响力的企业，这些企业的资产价格波动更容易引起网络中与其相关联的其他企业的资产价格波动，新信息也会通过这些企业在网络中更迅速地传播，对这些企业进行更好的风险管理,这将有助于降低整体市场风险。本章初步验证了所构建的企业媒体关联网络中,关联企业之间资产价格在不同市场运行时期的关联性,凸显了企业媒体关联网络对股价动量传导的桥接作用。本章构建的企业媒体关联网络有助于识别上市企业之间的关联关系,从而为后续章节奠定研究基础。

4 基于媒体关联的企业动量溢出效应分析

上一章创新性地提出基于媒体新闻共同报道捕捉企业关联关系的思想，并以此思想为指导，构建了基于媒体关联的企业关系网络，验证了网络中直接相连的企业之间存在关联关系，并论述了基于媒体关联的企业关系的独特性、合理性和存在性。本章进一步探究基于媒体新闻共同报道构建的企业关联关系对证券市场波动的影响作用。具体而言，本章旨在验证基于媒体关联的企业资产预期收益率之间在不同时期是否存在领先滞后的预测效应，即关联企业的资产预期收益率之间是否存在动量溢出效应，从而为深入理解我国证券市场微观结构和内在运行机理提供参考，为实证资产定价研究的发展提供中国证券市场的证据。本章主要由五个部分组成。首先，在对现有研究进行简要评述的基础上，指出现有研究中尚待解决的问题，从而提出本书的研究问题；其次，构建实证资产定价模型，验证基于媒体关联的企业资产预期收益率之间是否存在动量溢出效应；然后，介绍实验所需的数据、进行描述性统计分析；再次，对实证结论进行分析，在此基础上进行稳健性检验；最后，得出结论。

4.1 问题的提出

资本市场是一个涵盖多样资产和各类市场参与者的复杂且不断变化的综合系统。在这个市场中，各个企业之间因其内在价值的关联性、公司之间的合作与竞争、投资者对不同资产的认知和比较，以及市场监管部门的监管需求而产生不同类别的关联性，构成了一个复杂而动态变化的企业关联网络。企业之间的关联关系无疑会对其资产在市场中的表现产生重要影响。近十几年来，越来越多的金融学研究成果指出，企业之间的关联关系是影响资产价格波动的重要因素。这些研究普遍聚焦于探究引起不同资产价格或收益率在同一时期呈现同涨同跌趋势的原因，通过从不同视角捕捉和挖掘企业之间的关联关系对证券市场波动的影响作用，指出企业之间某一特定关联关系是引起资产价格或收益率呈现联动效应的关键因素。近年来，金融学最新研究成果发现，相关企业的资产收益率之间存在领先滞后效应，即一个企业的证券资产收益率在过去的表现对与该企业相关联的其他企业的资产预期收益率具有跨期的预测作用（Cohen and Frazzini, 2008; Lee, et al., 2019; Menzly and Ozbas, 2010; Parsons, et al., 2020）。上述研究证明了企业之间的某种关联关系（如行业关联、供应链关联、地域关联、技术亲密程度）对证券市场波动具有重要的跨期预测作用，但没有证据能够阐明到底企业之间的哪一种关联关系是影响资产价格或收益率波动最为有效的主导因素。直到行为金融学领域著名教授 Hirshleifer 与其合作者于 2020 年在 *Journal of Financial Economics* 上发表文章，通过分析师共同提及关系将上市公司关联起来，指出上市公司之间依据是否被分析师共同提及而建立的关联关系是上述各种关联关系的综合表达和本质因素（Ali and Hirshleifer, 2020），这种关系对资产收益率的波动具有显著的领先滞后效应。Ali and Hirshleifer（2020）将相关企业资产收益率之间的这种领先滞后效应称为动量溢出效应，该研究标志着实证资产定价研究领域取得重要突破。

然而，分析师共同提及关系代表的是具有基本面关联（fundamental similarities or linkages）的公司之间的关系（Ali and Hirshleifer，2020），例如行业关联、供应链关联、地域关联、技术亲密程度等，并没有将那些依据投资者行为或其他非基本面因素建立起来的企业关联纳入在内。事实上，证券市场是一个随时间发展而动态演进和连续变化的复杂系统，上市公司或其证券资产之间具有复杂、多样且随时间和市场运行状态变化而动态变化的关联特性。也就是说，上市企业之间除了基本面的关联关系，还会受其他非基本面因素影响而产生关联。例如，两家企业会因名称相似、CEO 具有校友关系、受同一政策影响等而产生一定的关联关系。分析师共同提及关系的合理性在于，由于分析师具有专业知识，其倾向于对企业基本面信息进行分析来指导投资决策，基于分析师共同关注的动量溢出效应因而是具有基本面关联的企业之间动量溢出效应的概括和综合表达。但是，分析师共同提及关系不能反映投资者非理性行为或其他非基本面因素引起的企业关联关系，尤其是有限理性的市场参与者凭借其对证券市场的认知行为引发的股票之间的关联关系。本书提出基于媒体新闻共同报道构建的企业关联关系既能反映企业之间的基本面关联，又能捕捉企业之间除基本面关联之外可能存在的受行为因素影响的其他关联关系。本书旨在从市场参与者的有限理性和有限注意力出发，探究基于媒体共同报道的企业关联动量溢出效应及其对证券市场波动的影响作用。

4.2 模型的构建

基于本章 4.1 节提出的研究问题，为了验证基于媒体关联的企业资产预期收益率之间在不同时期是否存在领先滞后的预测效应，即关联企业的资产预期收益率之间是否具有动量溢出效应，本书参照现有的验证关联企业动量溢出效应研究的方法（Ali and Hirshleifer，2020；Lee，et al.，2019；

Parsons，et al.，2020)，以Fama-French五因子模型为基准，加入衡量企业关联关系的代理变量，并进一步考虑固定效应的影响，进行个体固定效应和时间固定效应检验，控制不同股票间被遗漏或不可观测的异质性，以及不同时间段的影响作用，以验证基于媒体关联的企业资产预期收益率之间的动量溢出效应。具体而言，模型的构建主要分为两个部分。首先，构建衡量企业关联关系的代理变量。本书以所构建的企业媒体关联网络为捕捉企业关联关系的基础，构建基于媒体关联的企业关联关系的代理变量。基于媒体关联的企业关联关系代理变量的构建是验证关联企业资产预期收益率是否存在动量溢出效应的关键。其次，在Fama-French五因子模型的基础上，考虑媒体关联的动量因子的影响，验证基于媒体的企业关联关系对证券市场波动的影响作用，即验证基于媒体关联的企业资产收益率之间的动量溢出效应。

4.2.1 基于媒体关联的企业关系代理变量构建

接下来，将构建衡量企业关联关系的代理变量，这是本书的研究重点之一，也是验证相关企业之间是否存在动量溢出效应的关键所在。本书的主要变量由基于媒体关联的企业网络中，与某一企业直接相连的所有企业过去的收益率表现决定。具体而言，对于基于媒体关联的企业网络中任意一家企业 c_i，计算企业 c_i 的关联企业的股票收益率表现对其影响程度 $SI_{i,t}$，该影响程度由企业网络中与企业 c_i 直接相连的所有企业的日股票加权平均收益率衡量，即：

$$SI_{i,t} = \sum_{j=1, j \neq i}^{n} \omega_{ij} R_{j,t} \qquad (4-1)$$

式中，$R_{j,t}$ 表示基于媒体关联的企业网络中与企业 c_i 直接相连的企业 c_j 在第 t 个交易日的股票收益率；ω_{ij} 为企业 c_i 与企业 c_j 的关联程度，即企业 c_i 与企业 c_j 被新闻共同报道的频率（见3.2.1）；n 为企业网络中与企业 c_i 直接相连的企业的数量。两个企业被新闻共同报道的次数越多，其股票收益之间的关联程度越紧密，它们之间的权重 ω_{ij} 就越大。

4.2.2 基于媒体关联的动量溢出效应分析

本部分将目光聚焦于本书的核心问题之一，即验证基于媒体关联的企业资产预期收益率之间在不同时期是否存在领先滞后的预测效应。本书认为，经常被媒体新闻共同报道的公司之间具有内在关联关系，这种关联关系既反映了企业之间的基本面关联，又能捕捉企业之间除基本面关联之外可能存在的受行为因素影响的其他关联关系，这些基于媒体关联的企业之间存在相互影响作用，其股票预期收益率之间有可能存在领先滞后的动量溢出效应。为了验证基于媒体关联的企业之间是否存在这种领先滞后的动量溢出效应，本书在 Fama-French 五因子模型的基础上，考虑基于媒体关联的动量因子对相应个股在未来预期收益率的影响作用。具体而言，对于基于媒体关联的企业网络中的任意企业 c_i，检验企业 c_i 的所有关联企业的股票在过去的加权平均收益率（$SI_{i,t-1}$）与企业 c_i 的股票预期超额收益率（$R_{it}-R_{ft}$）之间的关系，即：

$$R_{it} - R_{ft} = \alpha_i + \gamma_i SI_{i,t-1} + \beta_i(R_{mt} - R_{ft}) + s_i SMB_t + \\ h_i HML_t + r_i RMW_t + c_i CMA_t + \varepsilon_{it} \quad (4-2)$$

式中，$R_{it}-R_{ft}$ 为企业 c_i 的股票在估计期内第 t 个交易日的超额收益率；$R_{mt}-R_{ft}$ 为市场组合的超额收益率；SMB_t 为规模因子，衡量小市值的股票和大市值股票的预期收益率之差对资产预期收益率的影响作用；HML_t 为价值因子，衡量高账面市值比的股票和低账面市值比的股票的预期收益率之差对资产预期收益率的影响作用；RMW_t 为盈利因子，衡量运营盈利能力强劲（高）和较弱（低）的公司之间的收益率差异对资产预期收益率的影响作用；CMA_t 为投资因子，衡量保守投资企业与积极投资企业的收益率差异对资产预期收益率的影响作用；ε_{it} 为残差项或拟合偏差，是对股票 i 在第 t 个交易日不可观察的统计误差的估计。

为了验证基于媒体关联的企业收益率之间的动量溢出效应，本书首先运用混合 OLS（Pooled OLS）回归对整个估计期进行检验。混合回归的基本假设是不存在个体效应①，因此，我们对该假设进行统计检验。结果表明，在此期间内，没有观察到任何个体效应，包括固定效应和随机效应。然而，当我们将估计期划分为正常市场运行时期和极端市场运行时期时，观察到了个体效应。因此，本书采用双向固定效应（个体固定效应和时间固定效应）来考察不同时期内关联企业对目标企业的领先滞后的预测效应。考虑到面板数据的特性，虽然通常假设不同个体之间的扰动项相互独立，但同一个体在不同时期的扰动项往往存在自相关。因此，我们使用聚类稳健的标准误（Cluster-robust Standard Error）来估计标准误。本章4.4节将对实证结果进行详细的分析。

4.3　数据准备及统计分析

本书以沪深300指数成分股为研究对象，根据沪深300指数成分股中企业是否被新闻共同报道建立企业之间的关联，并依据两两企业之间的关联程度构建基于媒体关联的企业网络。根据本书3.4.1部分的分析结论，本书选取2014年2月1日至2014年12月31日期间发布的新闻来构建基于媒体关联的企业网络，探究企业之间的媒体关联关系对相关企业未来两年（2015年1月1日至2016年12月31日）中股票日收益率的影响作用。

考虑到中国证券市场在2015年中旬及2016年年初共发生的两次极端运行情况，即2015年股灾和2016年年初共两次触发熔断机制致使市场提前休市，本书根据市场不同运行时期，分别考虑2015—2016年所有市场交易日（Entire Market）、2015—2016年所有市场正常运行时期（Normal Market）、2015—2016年所有市场极端运行时期（Extreme Market）是否存在基于媒体关联的动量溢出效应，并对2015年股灾期间（2015 Crash）和2016年

---

① 个体效应以两种不同的形式存在，即固定效应和随机效应；因此，本书在使用混合OLS回归对整个估计期是否存在动量溢出效应进行检验时，首先验证个体效应不存在的基本假设前提。

中国股市熔断时期（2016 Crash）进行案例分析，验证该特殊极端市场运行时期中，基于媒体关联的动量溢出效应是否仍然存在，以进一步论证基于媒体关联的企业关联关系的重要性和有效性。特别地，所有市场交易日包括市场正常运行时期和所有市场极端运行时期；所有市场极端运行时期共包括19个交易日，分别是2015年股灾期间CSI 300指数日跌幅超过3%的交易日、2016年熔断交易日和其他11个CSI 300指数日跌幅超过3%的交易日；2015年股灾期间指的是2015年6月15日至2015年7月8日期间所有交易日，2016年中国股市熔断时期指的是2016年1月4日和2016年2016年1月7日，共2个交易日。表4-1描述了2015—2016年不同市场运行时期基于媒体关联的企业关系代理变量（SI）的描述性统计分析结果。

表 4-1　基于媒体关联的企业关系代理变量描述性统计

Periods	Mean	SD	0%	25%	50%	75%	95%	99%	100%
Entire Market	0.0013	0.1205	−4.6273	−0.0151	0.0000	0.0199	0.1160	0.2892	3.9189
Normal Market	0.0107	0.0972	−3.7632	−0.0112	0.0000	0.0222	0.1207	0.2972	3.9189
Extreme Market	−0.1502	0.2692	−4.6273	−0.1857	−0.0899	−0.0167	0.0000	0.0493	0.2296
2015 Crash	−0.1613	0.2840	−4.6273	−0.1919	−0.0997	−0.0221	0.0000	0.0537	0.2296
2016 Crash	−0.1993	0.3240	−4.2470	−0.2524	−0.1000	−0.0667	0.0000	0.0000	0.0000

表头列"Percentiles"横跨 0%、25%、50%、75%、95%、99%、100%。

由表4-1可知，对于基于媒体关联的企业网络中的所有企业而言，在整个实验期间（所有市场交易日），动量因子SI的均值为0.0013，所有市场极端运行时期SI的均值的取值为−0.1502，体现了市场极端运行时期对股票收益率的负向影响作用。事实上，沪深300指数在2015年上半年增长了41%；但是，由于2015年中下旬股灾，及2016年熔断等极端市场运行态势的发生，沪深 300 指数在本书整个实验期间相对于 2014 年年末几乎没有变化。这可以解释为什么所有公司的平均 *SI* 都是正值，且相对趋近于 0，而在市场极端运行时期的取值为负数，且取值相对较大。在市场危机期间，所有公司都倾向于暴跌，这导致平均 *SI* 的取值为负数。特别的，2015 年股灾期间和 2016 年熔断时期 *SI* 的均值分别为 -0.1613 和 -0.1993。表 4-1 清晰地刻画了动量因子 *SI* 的取值，表明了不同市场运行时期基于媒体关联的企业之间收益率变动情况。

4.4 实证结果分析

上一节对本章实证研究所需的数据、市场正常和异常运行时期的划分进行了介绍，并对本书构建的基于媒体关联的企业关系代理变量（*SI*）在不同市场运行时期的表现进行了描述性统计分析。本节将对本章实证研究结果展开详细分析。本节由两个部分组成：首先验证中国证券市场基于媒体关联的动量溢出效应的存在性和有效性；然后在此基础上，对实证结论进行稳健性检验，从基于媒体关联的动量溢出效应在极端市场运行时期（尤其是股灾时期）的有效性，以及与其他代表性关联关系引起的动量溢出效应进行对比两个方面，进一步验证基于媒体关联的动量溢出效应的有效性和稳健性。

4.4.1 动量溢出效应的验证

为了验证基于媒体关联的企业资产收益率之间存在领先滞后的跨期预测作用（动量溢出效应），并论证基于媒体关联的动量溢出效应的有效性，本书基于 Fama-French 五因子模型，运用双向固定效应回归对整个估计期进行分析。表 4-2 报告了估计期内基于媒体关联的企业关联关系对资产收益率的影响作用，并将其与基于分析师共同提及的企业关联关系和基于同行业的企业关联关系对资产收益率产生的影响作用进行对比。其中，结果

（1）~（3）依次报告了基于媒体关联的企业关联关系、基于分析师共同提及的企业关联关系和基于同行业的企业关联关系对资产收益率影响的回归分析结果；结果（4）~（6）依次报告了上述三种企业关联关系两两分别进行回归分析的结果；结果（7）在同时控制基于分析师共同提及的企业关联关系和基于同行业的企业关联关系对资产收益率的影响，检验基于媒体关联的企业关联关系及所引起的动量溢出效应的存在性和有效性。

表4-2 基于媒体关联的企业关联关系对股票收益率的影响及对比分析

	\multicolumn{7}{c}{Dependent variable: individual stock returns}
	(1)	(2)	(3)	(4)	(5)	(6)	(7)
SI_{t-1}	0.005***			0.005***	0.005***		0.005***
	(3.72)			(3.69)	(3.65)		(3.65)
$Analyst_{t-1}$		0.014		0.019**		0.010	0.013
		(1.54)		(2.17)		(0.80)	(1.14)
$Industry_{t-1}$			0.013		0.018**	0.007	0.010
			(1.62)		(2.22)	(0.67)	(0.96)
$R_m - R_f$	1.542***	1.530***	1.532***	1.533***	1.536***	1.530***	1.533***
	(9.93)	(9.85)	(9.88)	(9.86)	(9.90)	(9.85)	(9.86)
SMB	0.405	0.294	0.303	0.324	0.337	0.284	0.310
	(0.82)	(0.59)	(0.61)	(0.65)	(0.68)	(0.57)	(0.62)
HML	0.716**	0.714**	0.714**	0.714**	0.715**	0.714**	0.714**
	(2.38)	(2.37)	(2.38)	(2.37)	(2.38)	(2.37)	(2.37)
RMW	0.620	0.415	0.434	0.470	0.494	0.397	0.443
	(0.69)	(0.46)	(0.48)	(0.52)	(0.55)	(0.44)	(0.49)
CMA	-4.395**	-3.955**	-3.991**	-4.075**	-4.122**	-3.913**	-4.016**
	(-2.45)	(-2.19)	(-2.23)	(-2.26)	(-2.30)	(-2.18)	(-2.23)
R_f	21.553**	19.148*	19.350*	19.796*	20.064**	18.921*	19.479*
	(2.15)	(1.90)	(1.93)	(1.96)	(2.00)	(1.88)	(1.93)
Constant	0.003**	0.003**	0.003**	0.003**	0.003**	0.003**	0.003**
	(2.52)	(2.35)	(2.37)	(2.39)	(2.42)	(2.33)	(2.37)
Fixed effects	Include	Include	Include	Include	Include	Include	Include

表4-2(续)

	Dependent variable: individual stock returns						
	(1)	(2)	(3)	(4)	(5)	(6)	(7)
N	137 428	137 428	137 428	137 428	137 428	137 428	137 428
R^2	0.519	0.519	0.519	0.520	0.520	0.520	0.520

该表报告了基于Fama-French五因子模型的双向固定效应回归结果。因变量为日个股收益率。SI是衡量基于媒体关联的企业关联关系的变量，是本书最重要的自变量。SI_{t-1}指自变量SI滞后一期变量，用于衡量基于媒体关联的企业关联关系在过去的表现，$Analyst_{t-1}$衡量基于分析师共同提及的企业关联关系在$t-1$期的表现，$Industry_{t-1}$衡量基于同行业的企业关联关系在$t-1$期的表现。考虑到面板数据的特性，使用聚类稳健的标准误（cluster-robust standard error）来估计t统计量的标准误。括号中报告t值。*，**，*** 分别表示10%，5%，和1%水平的统计显著性。

由表4-2中（1）~（3）的结果可清晰得知，在整个估计期内，基于媒体关联的企业关联关系（SI_{t-1}）对资产收益率具有显著的影响作用，即基于媒体关联的企业资产预期收益率之间显著存在动量溢出效应，该影响系数和t统计量的值分别为0.005和3.72，在1%的显著性水平上影响显著，R^2的值为0.519；而基于分析师共同提及的企业关联关系（$Analyst_{t-1}$）和基于同行业的企业关联关系（$Industry_{t-1}$）对资产收益率的影响作用不显著。进一步地，由（4）和（5）的结果可知，基于媒体关联的企业关联关系（SI_{t-1}）与基于分析师共同提及的企业关联关系（$Analyst_{t-1}$）对资产收益率的影响作用相比更加显著，影响系数和t统计量的值分别为0.005和3.69；同时，基于媒体关联的企业关联关系（SI_{t-1}）与基于同行业的企业关联关系（$Industry_{t-1}$）对资产收益率的影响作用相比更加显著，影响系数和t统计量的值分别为0.005和3.65，影响的显著性水平均为1%。

值得注意的是，Ali and Hieffer（2020）指出，基于分析师共同提及的企业关联关系是企业之间所有基本面关联关系的综合表达，在考虑分析师共同提及的企业关联关系的影响后，其他基本面关联关系的影响便不再显著。然而，本书在控制了基于分析师共同提及的企业关联关系对资产收益率的影响作用后，基于媒体关联的企业关联关系对资产收益率的领先滞后的动量溢出效应仍然存在，且相比分析师共同提及关系的影响更为显著。

该结论验证了本书的研究假设，即基于媒体关联的企业关联关系既能反映企业之间的基本面关联关系，又能捕捉企业之间非基本面关联关系。事实上，结果（7）表明，在同时控制基于分析师共同提及的企业关联关系和基于同行业的企业关联关系对资产收益率的影响后，基于媒体关联的企业关联关系及所引起的动量溢出效应依然显著存在且有效，该影响系数和 t 统计量的值分别为 0.005 和 3.65，在 1% 的显著性水平上影响显著，R^2 的值为 0.520；而基于分析师共同提及的企业关联关系和基于同行业的企业关联关系都不再显著。该结果有力地验证了本书提出的基于媒体关联的企业关联关系能够有效捕捉企业之间的内在关联关系对资产收益率波动的影响作用。

4.4.2 稳健性检验

为了进一步验证基于媒体关联的企业收益率之间的动量溢出效应的稳健性，本书运用固定效应模型对市场正常运行时期和异常运行时期进行检验。特别地，本书验证了 2015 年中国股灾暴发期间（2015 年 6 月 15 日至 2015 年 7 月 8 日）[①]，基于媒体关联的企业关联关系对资产收益率的跨期影响作用是否仍然显著存在且有效。表 4-3 报告了市场不同运行时期，基于媒体关联的企业关联关系对收益率的领先滞后的跨期预测作用的表现。其中，表 4-3 Panel A 报告了市场正常运行时期，基于媒体关联的企业资产收益率对目标企业资产收益率的影响作用及与其他关联关系影响作用的对比结果。表 4-3 Panel B 报告了市场异常运行时期，基于媒体关联的企业资产收益率对目标企业资产收益率的影响作用及与其他关联关系影响作用的对比结果。表 4-3 Panel C 报告了 2015 年中国股灾暴发期间，基于媒体关联的企业资产收益率对目标企业资产收益率的影响作用及与其他关联关系影响作用的对比结果。

---

① 2015 年 6 月 15 日至 2015 年 7 月 8 日中国股市暴发股灾，随后的证券监管部门宣布进入市场以直接购买股票的方式救市。

表4-3 不同市场运行时期基于媒体关联的企业关系对资产收益率的影响及对比分析

Panel A：市场正常运行时期（Normal market periods）

	(1)	(2)	(3)	(4)	(5)	(6)	(7)
SI_{t-1}	0.005***			0.005***	0.005***		0.005***
	(5.66)			(5.59)	(5.58)		(5.57)
$Analyst_{t-1}$		−0.008		−0.003		−0.004	0.000
		(−0.96)		(−0.29)		(−0.33)	(0.03)
$Industry_{t-1}$			−0.010		−0.005	−0.008	−0.005
			(−1.27)		(−0.58)	(−0.80)	(−0.49)
Controls	Yes	Yes	Yes	Yes	Yes	Yes	Yes
Fixed effects	Include	Include	Include	Include	Include	Include	Include
N	123 673	123 673	123 673	123 673	123 673	123 673	123 673
R^2	0.390	0.389	0.389	0.390	0.390	0.390	0.390

Panel B：市场极端运行时期（Market crises）

Dependent variable：individual stock returns

	(1)	(2)	(3)	(4)	(5)	(6)	(7)
SI_{t-1}	0.010**			0.010**	0.010**		0.010**
	(2.28)			(2.29)	(2.29)		(2.29)
$Analyst_{t-1}$		0.009		0.023		0.003	0.012
		(0.25)		(0.65)		(0.07)	(0.31)
$Industry_{t-1}$			0.014		0.029	0.013	0.023
			(0.51)		(1.01)	(0.40)	(0.71)
Controls	Yes	Yes	Yes	Yes	Yes	Yes	Yes
Fixed effects	Include	Include	Include	Include	Include	Include	Include
N	3 986	3 986	3 986	3 986	3 986	3 986	3 986
R^2	0.830	0.829	0.829	0.830	0.830	0.829	0.830

表4-3(续)

	Panel C：2015 年中国股灾（Market crash）期间						
	Dependent variable：individual stock returns						
	(1)	(2)	(3)	(4)	(5)	(6)	(7)
SI_{t-1}	0.007***			0.007***	0.008***		0.008***
	(2.90)			(3.01)	(2.98)		(2.99)
$Analyst_{t-1}$		0.039		0.049		−0.011	−0.004
		(0.92)		(1.17)		(−0.22)	(−0.08)
$Industry_{t-1}$			0.081**		0.091**	0.088**	0.094**
			(2.22)		(2.49)	(2.11)	(2.26)
Controls	Yes	Yes	Yes	Yes	Yes	Yes	Yes
Fixed effects	Include	Include	Include	Include	Include	Include	Include
N	4 168	4 168	4 168	4 168	4 168	4 168	4 168
R^2	0.595	0.595	0.595	0.595	0.596	0.595	0.596

该表报告了基于 Fama-French 五因子模型的双向固定效应回归结果。因变量为日个股收益率。SI 是衡量基于媒体关联的企业关联关系的变量，是本书最重要的自变量。SI_{t-1} 指自变量 SI 滞后一期变量，用于衡量基于媒体关联的企业关联关系在过去的表现；$Analyst_{t-1}$ 衡量基于分析师共同提及的企业关联关系在 $t-1$ 期的表现；$Industry_{t-1}$ 衡量基于同行业的企业关联关系在 $t-1$ 期的表现。其中，与表 4-2 相同，表 4-3 控制了其他变量的影响，为简化表格，此处不予报告。表 4-3 Panel A 为只考虑 2015—2016 年市场正常运行时期的回归结果，表 4-3 Panel B 为只考虑 2015—2016 年市场异常运行时期的回归结果，表 4-3 Panel C 为考虑 2015 年中国股灾期间（2015 年 6 月 15 日至 2015 年 7 月 7 日），国家队宣布救市之前的回归结果。考虑到面板数据的特性，使用聚类稳健的标准误（cluster-robust standard error）来估计 t 统计量的标准误。括号中报告 t 值。*，**，*** 分别表示 10%，5%，和 1% 水平的统计显著性。

由表 4-3 Panel A 可知，在估计期内的市场正常运行时期，基于媒体关联的企业关联关系（SI_{t-1}）对资产收益率具有显著的领先滞后的跨期影响作用，即基于媒体关联的企业资产预期收益率之间显著存在动量溢出效应，该影响系数和 t 统计量的值分别为 0.005 和 5.66，在 1% 的显著性水平上影响显著，R^2 的值为 0.390；而基于分析师共同提及的企业关联关系（$Analyst_{t-1}$）和基于同行业的企业关联关系（$Industry_{t-1}$）对资产收益率的影响作用不显著。在同时控制基于分析师共同提及的企业关联关系和基于同行业的企业关联关系对资产收益率的影响后,基于媒体关联的企业关联关系及所引起的动量溢出效应依然显著存在且有效,该影响系数和 t 统计量的值分别为 0.005 和 5.57,在 1% 的显著性水平上影响显著,R^2 的值为 0.390;而基于分析师共同提及的企业关联关系和基于同行业的企业关联关系不显著。

由表 4-3 Panel B 可知,在估计期内的市场异常运行时期[①],基于媒体关联的企业关联关系(SI_{t-1})对资产收益率具有显著的领先滞后的跨期影响作用,即基于媒体关联的企业资产预期收益率之间显著存在动量溢出效应,在同时控制 $Analyst_{t-1}$ 和 $Industry_{t-1}$ 的影响作用后,基于媒体关联的企业关联关系(SI_{t-1})的影响系数和 t 统计量的值分别为 0.010 和 2.29,在 1% 的显著性水平上影响显著,R^2 的值为 0.830;而基于分析师共同提及的企业关联关系($Analyst_{t-1}$)和基于同行业的企业关联关系($Industry_{t-1}$)对资产收益率的影响作用不显著。

表 4-3 Panel C 进一步对 2015 年中国股灾暴发期间,关联企业的资产收益率对目标企业资产收益率的影响做出分析。结果表明,即便是在中国股灾暴发期间,基于媒体关联的企业关联关系(SI_{t-1})对目标企业资产收益率仍具有非常显著的领先滞后的跨期预测作用,在同时控制 $Analyst_{t-1}$ 和 $Industry_{t-1}$ 的影响作用后,基于媒体关联的企业关联关系(SI_{t-1})的影响系数和 t 统计量的值分别为 0.008 和 2.99,在 1% 的显著性水平上影响显著,R^2 的值为 0.596。值得注意的是,在 2015 年中国股灾暴发时期,基于分析师共同提及的企业关联关系($Analyst_{t-1}$)对资产收益率的跨期预测作用不显著;而基于同行业的企业关联关系($Industry_{t-1}$)对资产收益率存在跨期预测作用,影响系数和 t 统计量的值分别为 0.094 和 2.26,在 5% 的显著性水平上影响显著。考虑到 2015 年中国股灾的特殊性、突发性和急剧性,分析师在之前对整个市场做出的提前预判无疑会在遇到股灾突袭时失效,而在股灾时期,企业之间的行业关联仍然存在并有效。

---

① 即涨跌幅超过 3% 的交易日,相关描述见本书 3.3.3 部分。

4.5 本章小节

本章旨在验证基于媒体关联的企业资产预期收益率之间是否存在动量溢出效应。为此，本章基于所构建的企业媒体关联网络，构建企业媒体关联关系代理变量，以定量地捕捉与某一企业相关联的其他企业对该企业资产收益率的影响程度。随后构建模型，分析基于媒体关联的企业关联关系对资产预期收益率的影响作用，尤其是验证基于媒体关联的动量溢出效应的存在性、有效性和稳健性。本章的实证结论如下：

第一，验证了中国证券市场存在基于媒体关联的动量溢出效应。相较于现有研究中提出的反映企业基本面关联的企业关系而言，基于媒体关联的企业关联关系能够更加有效地捕捉企业之间的动量溢出。

第二，进行稳健性检验，验证了无论是市场正常运行时期，亦或市场极端运行时期，基于媒体关联的企业资产预期收益率之间动量溢出效应都显著存在。在同时控制基于分析师共同提及的企业关联关系和基于同行业的企业关联关系对资产收益率的影响后，基于媒体关联的企业关联关系及所引起的动量溢出效应依然显著存在且有效，而现有研究中指出的反映企业基本面关联的企业关联关系的影响不显著。

第三，通过对 2015 年中国股灾时期相关数据进行分析，验证了基于媒体关联的企业关联关系及所引起的动量溢出效应在该时期仍然显著存在且有效，该结果有力地验证了本书提出的基于媒体关联的企业关联关系对资产收益率产生的领先滞后的跨期预测作用（动量溢出效应）的有效性和稳健性。

5 面向动量溢出效应的深度图神经网络研究

上一章验证了基于媒体关联的企业资产预期收益率在不同时期存在显著的动量溢出效应,指出基于媒体关联的企业关系代理变量既能反映企业之间的基本面关联,又能捕捉企业之间除基本面关联之外可能存在的受行为因素影响的其他关联关系,因而能够有效捕捉关联企业之间的动量溢出效应。这种动量溢出效应在市场极端运行时期仍然显著存在。上述研究结论为深入理解我国证券市场微观结构和内在运行机理提供了参考,为实证资产定价研究的发展提供了中国证券市场的证据。然而,正如本书1.1节所述,资本市场涵盖了多样资产和各类市场参与者,是一个复杂且不断变化的综合系统。一方面,在这个市场中,各个企业之间因其内在价值的关联性、公司之间的合作与竞争、投资者对不同资产的认知和比较,以及市场监管部门的监管需求等而产生不同类别的关联性,构成了一个复杂而动态变化的企业关联网络;另一方面,资本市场是一个随时间发展而动态演进和连续变化的复杂系统,上市公司或其证券资产之间具有复杂、多样,且随时间和市场运行状态而动态变化的关联特性。在这个企业网络中,某一节点(企业)在市场运行过程中的变化,会对与之关联的企业产生不同程度的影响。如何理解和捕捉企业之间的多种关联关系在市场运行过程中对资产价格或收益率变动的动态影响和综合作用,是深入理解市场微观结构和内在运行机理的关键问题。传统的计量经济学模型无法有效捕捉和量化这种非线性因素对资产波动的复杂影响。为此，本章提出基于图神经网络的算法，将企业间多种关系进行融合，动态地捕捉不同市场运行状态下，企业之间关联关系的变化对股票价格波动的影响作用。本章主要由五个部分组成。首先，提出问题，阐明本章研究内容的重要性；其次，构建模型，旨在捕捉企业之间的多种关联关系及不同关联关系在市场运行过程中对资产波动的动态影响和综合作用；再次，对实验数据进行描述性统计分析；然后，对实验结论进行分析；最后，得出结论。

5.1 问题的提出

金融学研究成果指出，企业之间的关联关系是影响资产价格波动的重要因素。传统的金融学研究从"解构"的思维出发，运用计量经济模型，逐一探寻企业之间的各类关联关系及其对资产价格波动的影响作用。企业之间的关联关系可以概括为基本面关联和非基本面关联两大类。企业之间的基本面关联包括因行业（Moskowitz and Grinblatt, 1999）、规模（Barberis and Shleifer, 2003; Pindyck and Rotemberg, 1993）、供应链（Cohen and Frazzini, 2008; Menzly and Ozbas, 2010）、地域（Parsons, et al., 2020; Pirinsky and Wang, 2006）和技术亲密度（Lee, et al., 2019）等企业基本面特征的关联性或相似性而产生的关联关系。最新的金融学研究进一步指出，基于分析师共同提及的关联关系是企业之间基本面关联的概括和综合表达（Ali and Hirshleifer, 2020）。随着行为金融学研究的发展，越来越多的研究指出，投资者的有限理性和情绪会影响其投资行为，导致基本面不相关的企业之间产生某种关联关系，并对资产价格波动产生影响。现有研究成果指出，企业之间的非基本面关联包括因名称相似（Rashes, 2001）、CEO校友关系（申宇 等，2015）、推特账户相互关注（Liu, et al., 2015）、是否为市场指数成分股（Barberis, et al., 2005; Vijh, 1994）、不同投资者的投资行为（Anton and Polk，2014；Kumar and Lee，2006）等因素而产生的关联关系。然而，在市场运行过程中，到底哪一种企业关联关系占据影响资产价格波动最为有效的主导地位还有待探究。

事实上，资本市场涵盖了多样资产和各类市场参与者，是一个复杂且不断变化的综合系统。一方面，市场中各个企业之间因其内在价值的关联性、公司之间的合作与竞争、投资者对不同资产的认知和比较，以及市场监管部门的监管需求等产生不同类别的关联性，构成了一个复杂而动态变化的企业关联网络；另一方面，资本市场是一个随时间发展而动态演进和连续变化的复杂系统，上市公司或其证券资产之间具有复杂、多样，且随时间和市场运行状态而动态变化的关联特性。传统的金融学研究尚未能有效解决两个问题：第一，在真实市场中，企业之间存在多种关联关系，其资产价格的波动受到所有关系的共同影响，只考虑单一的企业关联关系不足以理解资产价格波动的实质；第二，企业之间的各种关联关系是随着市场的运行和发展而动态变化的，不同市场运行时期，企业之间各种关联关系的重要程度和影响力不同，用静态的眼光理解企业之间的关联关系不能正确认知市场的微观结构和内在运行机理。

鉴于传统的计量经济学模型无法有效捕捉和量化这种非线性因素对资产波动的复杂影响，上述问题未能得以有效解决。随着信息技术的发展，特别是使用机器学习和深度学习算法对非结构化文本数据和图结构等高维度信息进行关联分析的突破，越来越多的研究开始运用机器学习和深度学习方法分析经典的资产定价问题，以探究引起资产价格波动的本质因素（Calomiris and Mamaysky，2019；Gu，et al.，2020）。特别地，深度图神经网络算法的提出使得解决上述难题成为可能。基于此，本书提出基于门控机制（Gate Mechanism）的动态图神经网络算法，将企业间多种关系进行融合，并动态地捕捉不同市场运行状态下，企业之间关联关系的变化对资产价格波动的影响作用，特别是捕捉基于多种企业关联的动量溢出效应，从而为理解和捕捉企业之间的多种关联关系在市场运行过程中对企业资产价格或收益率变动的动态影响和综合作用提供参考。本章提出的基于门控机制的动态图神经网络算法实现了随市场运行和发展变化而实时动态地捕捉企业之间多种关联关系对资产价格波动的影响作用，从而有助于更好地理解影响资产价格波动的本质因素。该算法可以实现对证券市场波动的实时监控和动态捕捉，有助于提升投资模型的盈利能力和预测效果，是投资领域的突破。

5.2 模型的构建

基于本章5.1节提出的研究问题，为了捕捉企业之间的多种关联关系在市场运行过程中对企业资产价格或收益率波动的动态影响和综合作用，从而更加清晰地理解真实的市场运行状态，本书对传统的图神经网络算法（Graph Neural Network，GNN）做出改进，提出基于门控机制的自适应动态图神经网络算法（Self-adaptive Graph Neural Network，SA-GNN），将企业间多种关系进行融合，并动态地捕捉不同市场运行状态下企业之间关联关系的变化对资产价格波动的影响作用，特别是捕捉基于多种企业关联的动量溢出效应。本节首先对深度学习算法在金融中的应用进行简要概述；其次，在对深度学习在金融中的应用及不足进行概述的基础上，针对本章5.1节指出的研究问题，提出基于门控机制的自适应动态图神经网络模型，为深入理解和捕捉企业之间的多种关联关系在市场运行过程中对企业资产价格或收益率变动的动态影响和综合作用提供参考。

5.2.1 深度学习在金融中的应用

证券市场是一个复杂的动态系统，传统金融研究从"解构"的视角出发，运用数量统计模型和计量经济模型，逐一探寻各种因素与证券市场波动的因果关联。随着大数据和人工智能的发展，金融学研究开始关注运用机器学习方法探究经典的资产定价问题的可行性和有效性（Calomiris and Mamaysky，2019；Gu, et al., 2020）。机器学习方法从"融合"的思维出发，能够捕捉非线性的时变高维信息对证券市场波动的交互影响，从而更加符合真实的市场波动（Li, et al., 2016a; Schumaker and Chen, 2009; Wuthrich, et al., 1998）。

随着深度学习在众多领域取得巨大成功，研究人员进一步采用基于深度学习方法，包括深度神经网络（Deep Neural Network, DNNs）、卷积神经网络（Convolutional Neural Network, CNN）和长短期记忆（Long-Short Term Memory, LSTM）神经网络等，捕捉影响股票市场波动的因素（Ding, et al., 2015; Kingma and Ba, 2015; Li, et al., 2020a）。例如，考虑到不同市场因素的抽样异质性，Li, et al. (2020a) 提出了事件驱动的LSTM模型，运用互联网新闻信息预测证券市场波动的趋势。然而，现有的大多数研究主要聚焦于探究股票的历史信息如何决定未来走势，而没有考虑相关公司对资产价格的影响作用。

金融学最新研究成果表明，企业之间的关联关系是影响资产价格波动的重要因素，相关企业的资产收益率之间存在动量溢出效应，即一个企业的证券资产收益率在过去的表现对与该企业相关联的其他企业的资产预期收益率产生跨期的预测作用（Ali and Hirshleifer, 2020）。然而，囿于技术的限制，缺乏一种有效的方法来合理地表示企业之间的关联关系，从而无法有效捕捉企业之间的动量溢出效应。随着图神经网络算法（Graph Neural Networks, GNNs）的兴起，特别是巴拿赫不动点定理（Banach's Fixed-Point Theorem）在早期的门控图神经网络（gated graph neural network, GGNN）和图卷积神经网络（Graph Convolutional Network, GCN）中的突破（Li, et al., 2016b; Niepert, et al., 2016），近年来，少数研究开始尝试使用GNNs探究动量溢出效应对资产价格波动的影响作用（Chen, et al., 2018; Feng, et al., 2019; Li, et al., 2020b）。例如，Chen, et al. (2018) 利用GCN算法探究企业之间的共同投资关系对资产价格波动趋势的影响。Feng, et al. (2019) 提出时间图卷积（Temporal Graph Convolution, TGC）神经网络算法，将企业在行业和维基百科上的关联性融入资产价格波动趋势的预测中。Li, et al. (2020b) 提出基于LSTM和GCN的算法，运用企业之间的历史股价相关性预测隔夜资产价格的波动趋势。

事实上,现有运用深度图神经网络算法探究企业之间关联关系对资产价格波动趋势影响的研究存在两个缺陷:第一,上述研究仅聚焦于企业之间的某一种关联关系,然而,在真实的市场中,企业之间存在多种关联关系,其资产价格的波动受到所有关系的共同影响,仅考虑单一的关联关系无法有效捕捉企业间动量溢出效应对资产价格波动的真实影响,应当根据企业之间的关联关系的影响程度将多种关联关系进行融合,考虑各种关联关系的综合影响作用;第二,企业之间的各种关联关系是随着市场的运行和发展而动态变化的,不同市场运行时期,企业之间各种关联关系的重要程度和影响力不同,应当动态地捕捉不同市场运行状态下,企业之间关联关系的变化对资产价格波动的影响作用。基于此,本书提出基于门控机制的自适应动态图神经网络模型,旨在探究企业之间的多种关联关系在市场运行过程中对企业资产价格或收益率变动的动态影响和综合作用,下文5.2.2部分将详细介绍基于门控机制的自适应动态图神经网络模型的构建方法。

5.2.2 基于门控机制的自适应动态图神经网络模型

企业之间具有多种关联关系,这些关系的重要性随时间和企业自身发展状况的变化而变化。考虑到企业关联关系在真实市场运行中表现出的多样性和动态变化性,本书提出基于门控机制的动态图神经网络(Self-adaptive Graph Neural Network,SA-GNN)模型,通过构建基于矩阵的门控机制来捕捉多种关联关系在当前市场状态中的重要性和影响程度的动态变化,根据企业间各种关系在当前市场运行状态中的贡献程度融合所有关联关系,得到关联企业在当前市场运行过程中的综合关系,从而为捕捉关联企业之间的动量溢出效应架起桥梁。特别地,基于矩阵的门控机制指的是由多个门构成的矩阵门,用于控制不同的企业关联关系随时间和企业属性的变化而变化的情况。每个门的取值由训练所得,是根据当前市场运行状态下企业自身的属性及整个市场的运行状况训练所得的参数。图5-1展示了本书提出的基于门控机制的自适应动态图神经网络算法的概貌。

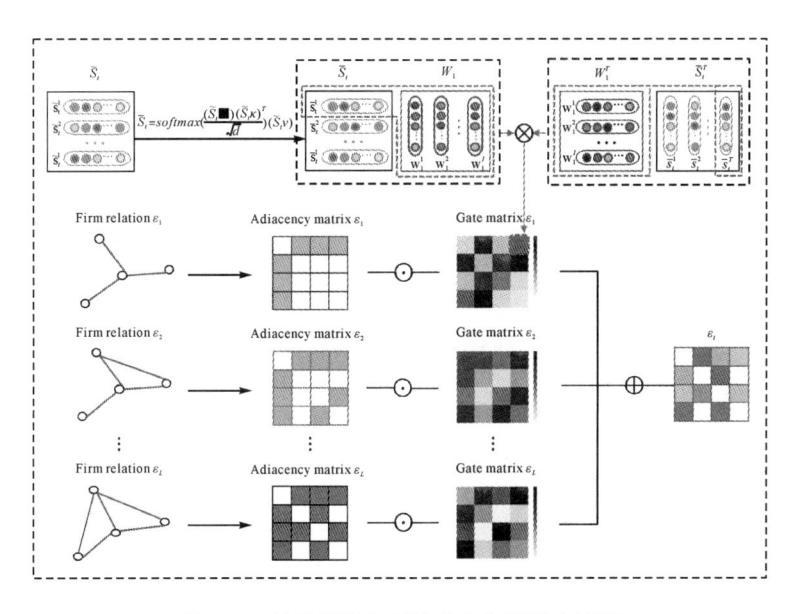

图 5-1 基于门控机制的动态多图融合过程

具体而言，设企业之间存在 L 种关联关系，即 E_1，E_2，…，E_L。为了表示关联企业之间的各种关联关系随时间和企业自身属性动态变化，将企业之间的所有关联关系随时间动态加权，即表示为

$$e_t^{i,j} = \sum_l^L e_l^{i,j} g_{l,t}^{i,j} \tag{5-1}$$

式中，$e_l^{i,j}$ 表示企业 i 和企业 j 之间的第 l 种关联关系，$g_{l,t}^{i,j}$ 是门控矩阵中的元素，用于对应地调节 t 时刻企业 i 和企业 j 的第 l 种关联关系的重要程度和影响作用。对于每对关联企业而言，根据该定义，可以随时间的变化动态地调整关联企业之间每种关系的重要性和影响力，从而控制信息流在图中两个企业节点之间的聚合和转移变化。要想实现随时间和企业属性的变化而动态调整的功能，$g_{l,t}^{i,j}$ 应当是企业 i 和企业 j 在 t 时刻的属性 $\tilde{s}_t^i$ 和 $\tilde{s}_t^j$ 的函数，表示为

$$g_{l,t}^{i,j} = F(\tilde{s}_t^i, \tilde{s}_t^j) = sigmoid \left[(\tilde{s}_t^i W_l)(\tilde{s}_t^j W_l)^T \right] \tag{5-2}$$

式中，W_l 是一个参数矩阵，用于区分学习过程中估计出来的关联企业之间

不同关系的影响作用，其通过关联企业之间的某种关系和企业的属性来控制企业关联在某一时刻的影响力。然而，在真实的市场中，企业之间的关联关系对相关企业的影响作用不仅取决于关联企业本身的属性，还会受到与该企业相关的其他企业乃至整个市场的影响。举例来说，假设企业 A 向企业 B 提供生产所需的原材料。如果企业 B 的其他供应商或整个市场缺乏原材料，企业 A 对企业 B 的影响就会加强。因此，考虑到关联企业受整个市场运行状态的影响，$g_{l,t}^{i,j}$ 应表示为

$$g_{l,t}^{i,j} = F(\vec{s}_t^i, \vec{s}_t^j) = sigmoid \left[(\vec{s}_t^i W_l)(\vec{s}_t^j W_l)^T \right] \quad (5-3)$$

式中，$\vec{s}_t^i$ 为捕捉了整个市场运行状态的企业 i 在 t 时刻的属性。对于市场中所有企业，考虑整个市场运行状态对其影响后的企业属性可以用矩阵 $\bar{S}_t$ 表示，即：

$$\bar{S}_t = softmax \left(\frac{(\tilde{S}_t Q)(\tilde{S}_t K)^T}{\sqrt{d}} \right) (\tilde{S}_t V) \quad (5-4)$$

式中，基于 self-attention 机制，我们使用矩阵 Q 提取与目标企业相关的关键信息，使用矩阵 K 提取与目标企业相关联的企业的关键信息，使用矩阵 V 保留目标企业的重要信号，d 是矩阵 Q 的列数，用于标准化。

对于一对关联企业，在引入门控机制 $g_{l,t}^{i,j}$ 后，可以根据企业间所有关联关系在 t 时刻加权的综合关系 $e_t^{i,j}$ 来动态地捕捉关联企业之间随市场运行状态变化而变化的动量溢出效应的影响作用。为了实现企业关系网络中不同节点之间关系权重的可比性，基于目标企业的关联企业的边缘权重，运用 $softmax$ 机制对 $e_t^{i,j}$ 进行标准化，即：

$$\tilde{e}_t^{i,j} = softmax(e_t^{i,j}) = \frac{exp(e_t^{i,j})}{\sum_{k \in N_i} exp(e_t^{i,k})} \quad (5-5)$$

式中，N_i 表示企业关系网络中与企业 i 具有关联关系的企业的总数量。因此，对于目标企业 i，其关联企业在 t 时刻对企业 i 的影响用 p_t^i 表示，即：

$$p_t^i = \sigma \left(\sum_{j \in N_i} \tilde{e}_t^{i,j} \vec{s}_t^j W_e \right) \quad (5-6)$$

式中，W_e 为参数矩阵，用于对企业 i 的任意关联企业 j 的属性进行线性变

换，以获得各企业关联关系的高维特征，σ 表示 ReLU 非线性激活函数。由此可量化关联企业在 t 时刻的影响作用（p_t^i）。

接下来，将关联企业在 t 时刻对目标企业 i 的影响作用，与企业 i 自身在 t 时刻的属性 $\tilde{s}_t^i$ 拼接，作为目标函数的输入变量 x_t^i，即：

$$x_t^i = \tilde{s}_t^i \parallel p_t^i \tag{5-7}$$

最后，使用单层前馈神经网络（feed-forward neural network）的 softmax 函数预测资产价格在未来走势的概率，$\hat{y}_t^i$，即：

$$\hat{y}_t^i = softmax\ (x_t^i W_o + b_o) \tag{5-8}$$

式中，W_o 为神经网络的参数矩阵，b_o 为神经网络的偏置项向量。计算 $\hat{y}_t^i$ 与 y_t^i 之间的交叉熵损失，并通过反向传播来学习模型中的参数。本书提出的基于门控机制的自适应动态图神经网络模型使得捕捉关联企业之间随市场运行状态变化而变化的动量溢出效应成为可能。

5.3 数据统计及实验准备

以上证 50 指数成分股为研究对象，基于 2016 年 1 月 1 日至 2016 年 12 月 31 日期间上证 50 指数成分股进行了一系列的实验。股票历史交易数据和企业关联关系数据来自 CSMAR 经济金融研究数据库，媒体新闻数据由本书 3.3.1 部分构建的新闻抓爬器获取。本书选取了三种具有代表性的企业关联关系，分别是行业关联关系、分析师关联关系、本书提出的基于新闻共同报道的媒体关联关系。本节将对实验所需数据及相关准备工作进行描述，主要包括三个部分：第一，介绍本实验所需样本数据、数据标准化方法、滑动窗口设置、及实验数据的统计性描述；第二，介绍模型的相关参数设置；第三，介绍本书所需对比实验方法设置，详见下文。

5.3.1 样本数据及统计描述

为了评估所提出的基于门控机制的自适应动态图神经网络模型预测资

产价格趋势的有效性，本书以上证50指数成分股为研究对象，基于2016年1月1日至2016年12月31日期间上证50指数成分股在市场中的运行状况开展了一系列的实验。实验所需数据由三个部分组成，分别是：股票历史交易数据、媒体新闻文本数据和企业关联关系数据。表5-1列举了实验所需相关数据情况。

表5-1 实验所需相关数据集描述

实验数据情况	相关描述
样本数据	上证50指数成分股
实验时间	2016/01/01 —2016/12/31
公司数量	50
历史交易数据	Open, Close, High, Low, TO, Vol, P/E, P/B, ROA, ROE
媒体新闻文本数据	$m_{i,t}^+$, $m_{i,t}^-$, $d_{i,t}$
企业关联关系	行业关联、分析师关联、媒体关联

由表5-1可知，本书的样本数据主要由三个数据集组成：股票历史交易数据集、媒体新闻文本数据集和企业关联关系数据集。

股票历史交易数据集。股票历史交易数据集中的交易特征包括：日股票价格数据，即开盘价（Open）、收盘价（Close）、最高价（High）、最低价（Low）、换手率（TO）、成交量（Vol）、市盈率（P/E）、市净率（P/B）、总资产收益率（ROA）、净资产收益率（ROE）。Li, et al. (2016a) 指出上述属性具有一定程度的预测价值。本书因而选取以上股票历史交易数据属性作为企业基本面特征，以捕捉企业的内在价值。

媒体新闻文本数据集。媒体新闻文本数据集主要用于提取新闻情感和基于媒体新闻共同报道的关联关系。本书依据 Tetlock, et al. (2008) 和 Li, et al. (2020a) 的方法量化新闻文本，使用积极情绪、消极情绪和情感两极性代表新闻内容的情感。其中，企业（股票）i 在第 t 个交易日的积极情绪（$m_{i,t}^+$）用当前时刻报道该企业的新闻中积极情感词的占比衡量；企业（股票）i 在第 t 个交易日的消极情绪（$m_{i,t}^-$）用当前时刻报道该企业的新闻中消极情感词的占比衡量；企业（股票）i 在第 t 个交易日的情感两极性（$d_{i,t}$）用当前时刻报道该企业的新闻的积极情感词与消极情感词的差占所有情感词比例衡量，以反映新闻内容的积极情感和消极情感之间的差异。

企业关联关系数据集。金融学研究成果指出，企业之间的关联关系是影响资产价格波动的重要因素。近年来，金融学最新研究成果表明，企业之间的关联关系会产生动量溢出效应，并指出行业关联、地域关联、技术亲密度、分析师共同提及关联是衡量动量溢出效应的关键因素。本书指出，企业之间基于媒体新闻共同报道的关联关系也是引起动量溢出效应的重要因素之一。为了便于实验研究，本书选取了三个代表性的企业关联关系，分别为行业关联、分析师关联及本书第 4 章提出的媒体关联，即基于媒体新闻共同报道的关联关系。

表 5-2 记录了本书使用的股票历史交易数据集的描述性统计分析结果，展示了所选取的股票基本面特征的最小值、最大值、均值、标准差等。

表 5-2 股票交易数据描述性统计表

特征	均值	标准差	最小值	25%	75%	最大值
开盘价	12.120	8.565	2.800	5.620	16.540	51.750
收盘价	12.134	8.575	2.800	5.630	16.540	48.120
最高价	12.284	8.687	2.890	5.680	16.720	51.770
最低价	11.981	8.468	2.790	5.570	16.400	47.450
成交量	594 113	805 622	32 229	219 090	669 180	19 360 300
换手率	0.059	0.111	0.000	0.008	0.068	3.150
P/B	1.426	0.837	0.597	0.886	1.792	6.230
P/E	55.067	177.166	-106.670	10.771	42.324	2 734.148
ROA	0.020	0.026	-0.007	0.005	0.022	0.143
ROE	0.071	0.050	-0.012	0.035	0.097	0.273

如表 5-2 所示，可以看出，历史交易数据集中的特征的量纲不同。例如，股票交易价格（开盘价、收盘价、最高价和最低价）是价格特征，以元为单位；而成交量则可能是数以万计为单位。为了消除量纲的影响，需要对股票历史交易数据进行归一化处理，详见本小节末尾处的描述。

表 5-3 展示了本书使用的新闻数据集的描述性统计分析结果。新闻数据集主要用于提取个股新闻情感，以及基于媒体新闻共同报道的关联关系。

表 5-3　股票新闻及情感数据描述性统计

类别		新闻数量/篇	新闻长度/词数			企业新闻数量/篇		
			最小值	均值	最大值	最小值	均值	最大值
新闻	积极	8 298	13	877	6 091	53	231	439
	消极	951	13	586	4 826	5	26	99
	总体	9 249	13	847	6 091	59	257	483

由表 5-3 可知，新闻数据集中共包含 9 249 篇新闻，其中表达积极情感的新闻达 8 298 篇，表达消极情感的新闻有 951 篇。由新闻长度的量化可知，一篇积极新闻或消极新闻的长度最短都由 13 个词组成；一篇积极新闻平均由 877 个词组成，一篇消极新闻平均由 586 个词组成；对于所有新闻而言，平均一篇新闻包含 847 个词语。对于一个企业而言，在样本期内，平均一家企业有 257 篇新闻报道，其中积极新闻有 231 篇，消极新闻有 26 篇；一家企业在样本期内最多有 483 篇新闻报道，其中积极新闻有 439 篇，占所有新闻的 90%。由此可知，对于上证 50 指数成分股，其相关新闻报道中，积极新闻的数量占据主导地位，这可能是由于上证 50 指数是由上海证券市场规模大、流动性好的最具代表性的 50 只股票组成，这些股票在市场中具有良好表现的缘故。

表 5-4 展示了本书使用的企业关联关系数据集的描述性统计分析结果。

表 5-4 企业关联关系数据集描述性统计

企业关联关系	企业关系网络中目标企业的连边的数量/篇			
	最小值	均值	最大值	总共
行业关联	1	7	12	256
分析师关联	1	13	24	480
媒体关联	3	10	24	366

由表 5-4 可知，依据本书选取的三种最具代表性的关联关系构建的企业关系网络中，行业关联网络的边数最少，共 256 条，其中 1 个节点（企业）平均和 7 个节点（企业）相连，最多和 12 个节点（企业）相连；基于分析师关联构建的企业关系网络共存在 480 条边，其中 1 个节点（企业）最少和 1 个节点（企业）相连，平均和 13 个节点（企业）相连，最多和 24 个节点（企业）相连；依据本书 4.2 节的方法构建的上证 50 指数成分股的媒体关联企业网络共包含 480 条边，其中 1 个节点（企业）最少和 3 个节点（企业）相连，平均和 10 个节点（企业）相连，最多和 24 个节点（企业）相连。由此可知，与基于分析师关联构建的企业关系网络相比，本书提出的基于媒体关联构建的企业网络中，某一个企业与网络中其他企业的关联关系相对更复杂。

在获取实验数据后，考虑到各个特征的量纲和单位的差异，本书对所有数据（除 0-1 变量外）进行了标准化（归一化）处理。为了消除量纲对实验结果的影响，本书采用最大值最小值标准化法（Min-Max Normalization，又称为离差标准化）对股票市场数据进行归一化处理，将不同量纲的数据映射到 [0, 1]，其映射函数为

$$x' = \frac{x - \min(x)}{\max(x) - \min(x)} \tag{5-9}$$

式中，x 为特征变量的原始值，x' 为标准化后的值。

值得注意的是，考虑到证券市场的时序特性，本书对输入特征进行了滑动窗口（sliding window）设置。滚动窗口是金融资产定价中常用的估计

方法，对任意个股而言，使用过去 T 个交易日的市场信息（历史交易特征和新闻情感特征）作为第 t 个交易日的输入特征，来预测未来的股票走势（Li, et al., 2020a）。

5.3.2 模型参数设置

本书使用前 8 个月的数据作为训练集，使用第 9 至 10 个月的数据作为验证集，使用最后 2 个月的数据作为测试集。训练集，验证集和测试集的比例为 8∶1∶1。值得注意的是，为了保障实验结果的稳健性和可信性，本书对不同参数设定下的每个模型进行 30 次训练，选取验证集上预测结果最好的 5 个模型，将其分别在测试集上的预测结果的均值作为股价运行趋势的最终预测结果，以消除随机初始化引起的波动。

本书构建的基于门控机制的自适应动态图神经网络算法的基本框架由 Pytorch 实现，采用网格搜索对参数进行优化，以达到最优性能。本书将滑动窗口大小 T 的选取范围设定为 $\{5, 10, 15, 20, 25, 30\}$。其余参数的维度的选取范围设定为 $\{30, 60, 120, 150, 240\}$。本书选取最优滑动窗口值 $T=5$ 对基于门控机制的自适应动态图神经网络模型进行训练，即使用前 5 天的股票交易数据和新闻情感数据特征去预测第 6 天的股价走势；实验中所涉及的其余所有参数的维度设定为 30，包括 LSTM 模型隐藏层的大小。所有参数都使用 Glorot 初始化（Glorot Initialization）方法进行初始化（Glorot and Bengio, 2010）。本书将 Adam 优化器（Kingma and Ba, 2015）的初始学习率设定为 0.001。

5.3.3 对比实验设置

为了评估本书提出的基于门控机制的自适应动态图神经网络模型的性能，本书开展了一系列的实验，将本书提出的模型与经典的机器学习和深度学习模型进行比较，包括支持向量机（Support Vector Machine, SVM）、随机森林（Random Forest, RF）、多层感知机（Multilayer Perceptron, MLP）网络、长短时记忆（Long Short Term Memory, LSTM）网络、门控循环单元（Gated Recursive Unit，GRU）网络、图卷积神经网络（Graph Convolutional Network，GCN），以及图注意力神经网络（Graph Attention Network，GAT）等。依据模型是否适用于处理图结构（企业关联关系）的信息，将上述对比模型分为两类，如下文所述。

（1）不适用于处理图结构（企业关联关系）信息的模型

早期的机器学习算法不适用于处理图结构的信息，因而无法考虑企业关联关系对证券市场波动的影响作用。本书将企业基本面特征与新闻情感特征拼接成一个超级向量，作为对比模型的输入特征。本书选取的对比模型如下：

• SVM：是经典的机器学习模型，是按照监督学习（supervised learning）方式对数据进行二元分类的广义线性分类器（generalized linear classifier），其在有限的训练数据上有优越的性能。SVM 是面向证券市场波动的股票价格预测研究的基本模型。

• RF：是经典的机器学习模型，是利用多棵树对样本进行训练并预测的一种分类器，其降低了传统决策树模型的过拟合问题，并通过减小方差提高预测精度。

• MLP：是一种前馈人工神经网络模型，是最早用于分类任务的神经网络模型之一。本书采用由 2 个隐含层的 MLP 模型进行预测。

• LSTM：是专门用于处理时间序列数据的模型。LSTM 模型可以很好地处理和捕捉股票数据的时序特性。

• GRU：是循环神经网络（RNN）中的一种门控机制，旨在解决标准 RNN 中的梯度消失或爆炸问题，同时保留序列的长期信息。GRU 是 LSTM 模型的简化版本，能够有效地保留序列数据的长期依赖性。GRU 通常比 LSTM 的性能更好。

（2）适用于处理图结构（企业关联关系）信息的模型

随着深度学习技术的发展，尤其是计算机领域在图神经网络算法（Graph Neural Network，GNN）上取得的进展，有效表征企业关联关系，并捕捉该关联关系下新信息的聚合和转移对相关公司的影响作用成为可能。

本书选取现阶段最具影响力和创新性的图神经网络算法，即 GCN 和 GAT，作为对比模型，其将每个企业视为一个节点，节点的属性由企业的基本面特征和新闻情感特征构成。节点之间的连边代表企业之间的关联关系。本书将企业基本面特征与新闻情感特征拼接成一个超级向量，作为对比模型的输入特征。本书选取的对比模型如下：

• GCN：是深度学习的代表算法之一，具有表征学习能力，能够按其阶层结构对输入信息进行平移不变分类，是一种谱学习方法（spectral approaches），需要基于相应的图结构进行学习。GCN 适用于依据静态的图结构表示股票之间的关联性。本书将企业基本面特征与新闻情感特征拼接成的超级向量作为节点特征输入 GCN。由于本书验证了基于媒体关联的企业网络相比基于行业关联的企业网络和基于分析师共同提及关联的新闻网络具有更好的表现，详见 4.4.1 部分；因此，本书选择基于媒体关联的企业网络作为 GCN 模型的图结构。

• GAT：是最新的深度学习的代表算法，是直接利用节点的空间信息进行学习的非谱学习方法（non-spectral approaches）。本书将企业基本面特征与新闻情感特征拼接成的超级向量作为节点特征输入 GAT。同样的，本书使用基于媒体关联的企业网络作为 GAT 模型的图结构。

• SA-GNN：是本书提出基于门控机制的自适应动态图神经网络模型，其可实现企业之间多种关联关系的动态融合，从而更好地捕捉企业之间的动量溢出效应。本书将企业基本面特征与新闻情感特征拼接成的超级向量作为节点特征输入 SA-GNN。

5.4 实验结果分析

上一节对评估基于门控机制的自适应动态图神经网络模型预测准确性所需的样本数据、数据预处理和描述性统计、模型参数设置，及对比实验设置进行了相关介绍，本节将在此基础上展开一系列实验，并对实验结果进行分析。本节由三个部分组成，首先介绍评估模型性能和预测准确性的评价指标，其次将本书提出的基于门控机制的自适应动态图神经网络模型与对比模型的性能进行比较，最后详细分析本书提出的模型的有效性。

5.4.1 评价指标

参照现有的面向证券市场波动的智能计算研究的通用方法，本书选取准确率（Directional Accuracy，DA）和精确召回曲线下面积（the Area Under the Precision-recall Curve，AUC）作为预测结果的评价指标（Duan, et al., 2018; Li, et al., 2016a）。DA 是股票预测分类任务中使用最普遍的度量标准，其衡量了预测的估价运行趋势与股票价格实际变化趋势之间的差异。DA 的计算方法如公式（5-10）所示：

$$DA = \frac{n}{N} \qquad (5\text{-}10)$$

式中，n 为预测的股价运行趋势和实际的股价运行趋势相同的数量，N 为总的预测数量。但是，对于样本类别不平衡的数据集，DA 倾向于将分类结果认定为较多的样本数据类别，从而存在预测偏差（Li, et al., 2020a）。例如，假设有 100 个样本数据，其中 98% 的样本的标签为 1，剩余 2% 的样本的标签为 0，如果此时分类器将所有样本数据的标签都判定为 1，则分类器的准确率高达到 98%；然而，该分类器事实上并不能真正有效地识别出标签为 0 的样本。因此，本书进一步选取 AUC 作为预测结果的评价指标，AUC 度量了精确召回曲线下面积，能够有效避免样本数据不平衡产生的偏差。DA 和 AUC 的值越接近 100%，代表预测准确率越高，模型的性能越好。本书使用当日收盘价 $Close_t$ 与前一日收盘价 $Close_{t-1}$ 的差值大小作为预测股价的方向，即二分类预测任务的标签。具体而言，如果（$Close_t - Close_{t-1}$）>0，则标记为 1（涨）；如果（$Close_t - Close_{t-1}$）<0，则标记为 0（跌）。

5.4.2 对比模型结果分析

本节将对本书提出的基于门控机制的自适应动态图神经网络（SA-

GNN）的性能进行分析。表 5-5 展示了本书构建的模型性能与对比模型性能的比较结果。

表 5-5　模型性能对比结果

类别	模型	DA	AUC
对比模型（不考虑企业关联）	SVM	0.533	0.522
	RF	0.526	0.514
	MLP	0.528	0.522
	LSTM	0.526	0.531
	GRU	0.533	0.536
对比模型（考虑企业关联）	GCN	0.528	0.534
	GAT	0.538	0.539
本书提出的模型	SA-GNN	0.558	0.568

由表 5-5 可知，本书构建的基于门控机制的自适应动态图神经网络在上证 50 指数成分股 2016 年全年的市场表现的实验结果表明，本书构建的 SA-GNN 模型具有更好的预测结果。基于 DA 和 AUC 评价指标，SA-GNN 相较于对比模型，其预测性能至少提高了 4.30% 和 5.97%。另外，对于不考虑企业关联关系的模型而言，模型的预测效果普遍较差，其中，表现最好的模型是 LSTM 和 GRU，表明能够数据捕捉时序特性的模型更适用于股票价格预测任务，因为该模型能够理解并反映股票价格的时序特征。对于考虑企业关联关系的模型而言，由于模型能够捕捉企业关联关系对股票价格的影响作用，因而在股价趋势预测任务中具有更好的表现，特别是 GAT 模型取得了较好的预测效果。由于这些模型只考虑了企业之间的某种关联关系，且无法捕捉企业之间关联关系随市场运行状态的变化对股票价格影响的变化，因而不能很好地预测股票价格运行趋势。

值得注意的是，上述模型的预测准确性整体而言不理想，究其原因，是没有考虑到影响股票价格波动的各类因素的交互作用对股票价格波动的影响作用。事实上，资本市场是一个复杂的动态系统，其波动一定是各种因素相互交融、共同作用的合力结果。上述模型只是简单地将企业基本面特征和新闻情感特征进行拼接并作为模型的输入特征，而没有考虑到具有异质性的特征之间的交互作用对股票价格波动的影响作用，因而不能有效捕捉资产价格波动本质。基于此，本书第 6 章构建了一个面向证券市场动量溢出效应的大数据分析框架，旨在更好地理解资产价格波动的内在机理，捕捉影响资产价格波动的本质因素。实验结果表明，本书构建的面向证券市场动量溢出效应的大数据分析框架具有很好的预测效果，详情见第 6 章。

5.4.3　模型的有效性分析

本节将详细剖析本书提出的基于门控机制的自适应动态图神经网络（SA-GNN）的有效性。本书提出的自适应动态图神经网络模型能够捕捉企业关联关系随市场运行状态动态变化对资产价格的影响作用。特别地，本书提出了一种基于流量控制的门控机制，依据不同企业关联关系在市场运行过程中的重要性来动态地调整企业两两之间的关联强度。为了理解模型的设计逻辑和有效性，本书开展了一系列实验，详细分析了模型的机制和功能的效用。表 5-6 描述了本书提出的基于门控机制的自适应动态图神经网络的有效性。

表 5-6　自适应动态图神经网络模型有效性

类别	企业关联关系	DA	AUC
单一静态关联	$SA\text{-}GNN_{none}$	0.533	0.541
	$SA\text{-}GNN_{industry}$	0.522	0.520
	$SA\text{-}GNN_{news}$	**0.545**	**0.550**
	$SA\text{-}GNN_{analyst}$	0.532	0.535
静态关联融合	$SA\text{-}GNN_{average}$	0.526	0.530
	$SA\text{-}GNN_{weighted}$	0.535	0.543
动态关联融合	$SA\text{-}GNN_{local\_gate}$	0.533	0.546
	$SA\text{-}GNN_{global\_gate}$	**0.558**	**0.568**

表 5-6 列举了本书提出的 SA-GNN 模型对于单一的静态关联关系、静态融合三种企业关联（行业关联、分析师关联、和媒体关联）关系，及依据市场运行状态动态静态融合三种企业关联关系的表现。其中，SA-GNN$_{none}$ 是基于无边图的 SA-GNN 模型，意味着企业之间不存在任何关联关系，是仅捕捉每个节点的特征对股票价格运行趋势的影响作用时，本书提出的 SA-GNN 模型的表现。SA-GNN$_{industry}$、SA-GNN$_{news}$、SA-GNN$_{analyst}$ 分别代表基于行业关联、新闻共同报道关联和分析师共同提及关联的企业关系图的 SA-GNN 模型。由表 5-6 的结果可知，基于本书提出的媒体关联捕捉企业关联关系的模型（SA-GNNnews）对预测资产价格波动趋势具有较好的表现，DA 和 AUC 的表现分别达到了 0.545 和 0.550。但是，不准确的关联关系反而会降低模型的预测准确率，如 GNN$_{industry}$ = 0.522 小于 GNN$_{none}$ = 0.533。事实上，由于行业关联关系已经被市场认知，且当前市场运行状态下行业关联对资产价格波动的影响力较弱，甚至不应该考虑该影响作用，此时模型仅考虑行业关联有可能扭曲了真实的市场运行状态，其表现因而明显与不考虑任何企业关联的模型（SA-GNN$_{none}$）的表现差不多。事实上，考虑多种关系融合的模型能够明显降低噪声并提高模型的预测表现。然而，如何融合多种企业关联关系从而更接近真实市场运行状况值得深思。本书使用简单加权平均（SA-GNN$_{average}$）和基于神经网络模型学习关联关系权重（GNN$_{weighted}$）来融合多种企业关联关系。但是，这两种方法捕捉的是静态的企业关联关系，也就是说，三种关联关系一经模型学习确定便固定不变，因而无法反映真实的资产价格随市场运行而动态变化的特性。因此，本书进一步将资产价格动态变化的性质考虑进来，SA-GNN$_{local\_gate}$ 反映了以资产自身运行状态作为信号，判断并调节当前市场运行状态下，不同企业关联关系对资产价格波动的影响程度。SA-GNN$_{local\_gate}$ 反映了以整个市场运行状态作为信号，判断并调节当前市场运行状态下，不同企业关联关系对资产价格波动的影响程度。结果表明，本书提出的随市场整体运行状态变化的自适应动态图神经网络（SA-GNN$_{global\_gate}$）取得了很好的表现，DA 和 AUC 的表现分别达到了 0.558 和 0.568。

为了更直观地理解企业之间关联关系会随市场运行状态变化而动态变化的性质，本书对测试集上的预测结果进行可视化分析。图 5-2 展示了招商证券（600999）与其关联企业之间的关联强度随时间变化而变化的状态。图 5-2 中的四家企业都是招商证券（600999）的关联企业，分别为中信证券（600030）、华泰证券（601688）、方正证券（601901）和东方证券（600958）。可以判断，招商证券（600999）及与其相关的四家企业都属于同一行业，即金融行业，它们之间依据行业关联形成的关联关系相对稳定。2016 年 11 月 17 日后，招商证券（600999）与中信证券（600030）和华泰证券（601688）同时被新闻共同报道，招商证券（600999）与中信证券（600030）之间的关联强度在新闻发布后随即出现波动。同样的，招商证券（600999）与华泰证券（601688）之间的关联强度在新闻发布后也出现波动。另一方面，招商证券（600999）与方正证券（601901）和东方证券（600958）在同一时期没有被新闻共同报道，其关联关系之间的变动不明显。

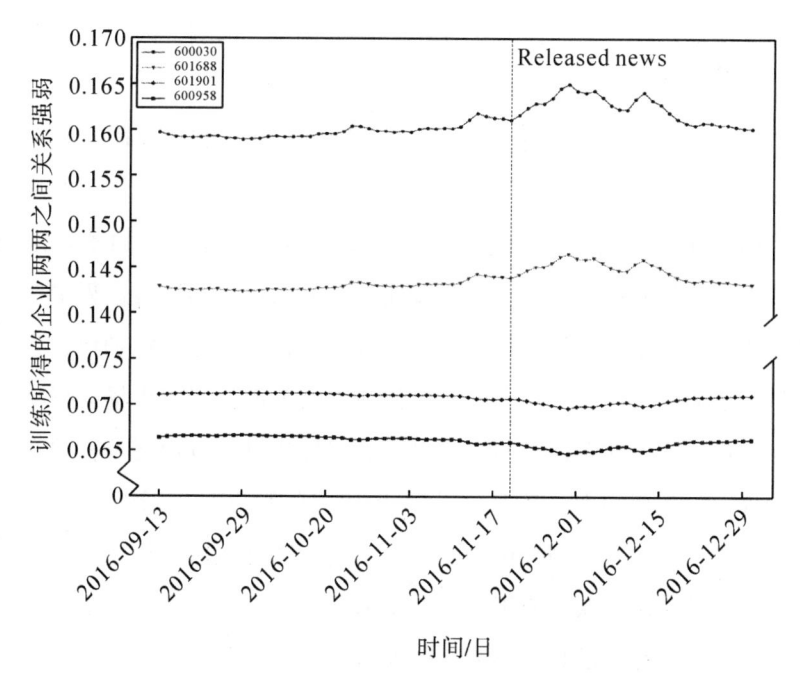

图 5-2　企业关联关系随市场运行动态变化图

5.5 本章小节

资本市场是一个涵盖多样资产和各类市场参与者的复杂且不断变化的综合系统。市场中各个企业之间因其内在价值的关联性、公司之间的合作与竞争、投资者对不同资产的认知和比较，以及市场监管部门的监管需求等而产生不同类别的关联性，构成了一个复杂而动态变化的企业关联网络。在这个企业网络中，某一节点（企业）在市场运行过程中的变化，会对与之关联的企业产生不同程度的影响。在真实市场中，企业之间存在多种关联关系，其资产价格的波动受到所有关系的共同影响，只考虑单一的企业关联关系不足以理解资产价格波动的实质；同时，企业之间的各种关联关系是随着市场的运行和发展而动态变化的。不同市场运行时期，企业之间各种关联关系的重要程度和影响力不同。传统的计量经济学模型无法有效捕捉和量化这种非线性因素对资产波动的复杂影响，因而无法有效捕捉企业之间的关联关系对证券市场波动的影响作用。

本书提出基于门控机制的动态图神经网络算法，将企业间多种关系进行融合，并动态地捕捉不同市场运行状态下，企业之间关联关系的变化对资产价格波动的影响作用，特别是捕捉基于多种企业关联的动量溢出效应，从而为理解和捕捉企业之间的多种关联关系在市场运行过程中对企业资产价格或收益率变动的动态影响和综合作用提供参考。特别地，为了融合多种企业关联关系，并动态地捕捉各种关联关系在当前市场运行状态下的影响作用，本书在图神经网络中引入了门控机制，以捕捉每种关系随时间变化而变化的影响力。基于上证 50 指数成分股 2016 年全年的真实市场数据，本书构建的基于门控机制的自适应动态图神经网络相比对比模型而言具有更好的预测结果。基于 DA 和 AUC 评价指标，本书构建的 SA-GNN 模型相较于对比模型的预测性能至少提高了 4.30% 和 5.97%。

6 面向证券市场动量溢出效应的大数据风险分析框架

上一章提出了基于门控机制的动态图神经网络算法,将企业间多种关系进行融合,并动态地捕捉不同市场运行状态下,企业之间关联关系的变化对资产价格波动的影响作用,特别是捕捉基于多种企业关联的动量溢出效应,从而为理解企业关联关系对资产价格波动的动态影响和综合作用提供参考。事实上,证券市场是一个复杂的动态系统,其波动受到各种因素的共同影响。近代金融学理论逐步确立了三大类影响市场波动的因素:数值表征的宏微观经济指标、向量表征的媒体文本信息和图表征的企业关联关系。传统的金融研究一直致力于解构证券市场波动的内在机理,由导致市场波动的原因出发,从市场运行环境、宏微观经济指标、政策变化、公司治理、投资者非理性情绪等多个视角,逐一探寻不同因素对资产波动的影响。然而,证券市场波动是各种因素相互交融、共同作用的合力结果,忽略影响市场波动的各类因素之间的交互作用便无法捕捉证券市场运行过程的全貌。基于此,本章从"融合"的视角出发,基于近代金融学理论成果,创新性地提出了一个面向证券市场动量溢出效应的大数据风险分析框架(MSRAF),以考虑不同市场因素对证券市场波动的合力影响。具体而言,为了捕捉不同市场信息之间的交互作用对证券市场波动的影响作用,本章首先构建了基于张量(Tensor)的特征融合算法,来捕捉数值表征的宏、微观经济指标和文本向量表征的媒体信息之间的交互作用。其次，在捕捉经济指标与媒体信息的交互作用的基础上，基于第 5 章构建的基于门控机制的自适应的图神经网络，根据市场运行状态和信息的交互作用，动态地捕捉企业之间的关联关系对证券市的波动的影响作用。特别的，为了验证本书构建的面向证券市场动量溢出效应的大数据风险分析框架的有效性和通用性，本章同时对中国证券市场和美国证券市场展开分析。在沪深 300 指数（CSI 300）成分股和标准普尔 500 指数（S&P 500）成分股历史数据集上的实验结果表明，本书提出的面向证券市场动量溢出效应的大数据风险分析框架的性能优于现有算法，且在两个证券市场中都具有非常好的表现。据知，本书提出的面向证券市场动量溢出效应的大数据风险分析框架是首个融合了引起市场波动的各类异构（标量、向量、图结构）信息的证券市场波动风险分析框架。

6.1 问题的提出

证券市场波动风险分析是金融学研究领域永恒的主题。传统的金融学研究一直致力于"解构"证券市场波动的内在机理，由导致市场波动的原因出发，从市场运行环境、宏微观经济指标、政策变化、公司治理、投资者非理性情绪等多个视角，逐一探寻纷乱复杂的市场因素与证券市场波动风险之间的因果关联。然而，证券市场是一个复杂的动态系统，其波动一定是各种因素相互交融、共同作用的合力结果。传统的金融计量方法旨在解构影响市场运行的因素，忽略了各类引起市场波动的因素之间的交互作用，孤立地探究不同市场因素对资产波动的影响，从而无法有效地捕捉市场运行过程的全貌。这是"解构"思维的缺陷，也直接构成了证券市场波动研究的重大瓶颈。

与传统的金融数量统计模型和计量经济模型不同，面向证券市场波动的智能计算模型能够捕捉多种类别市场因素的综合影响作用，从而更加符合市场波动的实质（各种因素交叉融合、合力作用）。事实上，近代金融学理论将影响证券市场波动的因素大致分为三大类：数值表征的宏、微观经济指标（Fama and French, 1993, 2015; Ross, 1976; Sharpe, 1964）、向量表征的媒体文本信息（Birz and Lott Jr, 2011; Calomiris and Mamaysky, 2019; Tetlock, 2007; Tetlock, et al., 2008）和图表征的企业关联关系（Ahern and Harford, 2014; Anton and Polk, 2014; Barberis, et al., 2005; Cohen and Frazzini, 2008; Hochberg, et al., 2007）。现有的大部分研究仅将数值表征的宏微观经济指标等标量因子组合作为输入特征，使用机器学习算法分析其对证券市场波动的影响（Chourmouziadis and Chatzoglou, 2016; Xiong and Lu, 2017; Zhang, 2003）。近几十年来，现代行为金融学研究结论表明，媒体信息对证券市场波动产生了日益重要的影响（Bollen, et al., 2011; Calomiris and Mamaysky, 2019; Tetlock, 2007; Tetlock, et al., 2008）。部分研究因而开始尝试对标量表征的宏微观经济指标和向量表征的新闻文本信息等异构数据进行融合（Akita, et al., 2016; Ding, et al., 2014, 2015; Li, et al., 2016a; Tetlock, et al., 2008）。金融学最新的研究结论表明，公司之间的关联关系会产生动量溢出效应，即一个企业的证券资产收益率在过去的表现对与该企业相关联的其他企业的资产预期收益率具有跨期的预测作用（Ali and Hirshleifer, 2020; Cohen and Frazzini, 2008; Lee, et al., 2019; Parsons, et al., 2020）。考虑到上市公司关联关系对证券市场波动的预测作用，极少数的研究尝试将图结构表征的上市公司的关联关系与标量表征的宏微观经济指标融合来预测证券市场波动（Chen, et al., 2018; Feng, et al., 2019; Li, et al., 2020b）。然而，迄今为止，还没有一个智能计算框架能够将上述三大类异构（标量、向量、图结构）的市场因素融合在一起，分析其合力对证券市场波动的影响。

证券市场的波动是宏微观经济指标，媒体文本信息和企业关联关系三大类市场因素交互作用和共同影响的结果。要想捕捉证券市场波动的本质，就要综合的考虑这三个因素对证券市场的合力作用。因此，本书从"融合"的视角出发，提出一个面向证券市场动量溢出效应的大数据风险分析框架，以融合多源异构（标量、向量、图结构）的市场信息对证券市场波动的影响作用。该框架在提取并融合三大类异构市场信息特征的基础上，聚焦于多源异构市场信息融合后的新特性，探究三大类异构因素对证券市场波动的合力影响，从而为深入理解证券市场微观结构和内在运行机理提供参考。

6.2 模型的构建

基于本章6.1节提出的研究问题，为了捕捉三大类异构因素对证券市场波动的综合影响，本书基于"融合"的思想，提出面向证券市场动量溢出效应的大数据风险分析框架，将三大类异构的市场因素放入同一框架中，捕捉各类市场因素的交互融合对证券市场波动的影响作用，旨在更加清晰地理解真实的市场运行规律。本节首先对所构建的面向证券市场动量溢出效应的大数据风险分析框架的系统设计进行简要概述；其次，针对不同类别的市场因素的数据特性提出相适应的特征融合算法，即时序特征的融合算法和关系特征的融合方法，从而为深入理解证券市场微观结构和本质规律、捕捉证券市场运行过程的全貌提供参考。

6.2.1 系统框架设计

证券市场是一个复杂的动态系统，其波动一定是各种因素相互交融、共同作用的合力结果。近代金融学理论将影响证券市场波动的因素大致分为三大类：数值表征的宏微观经济指标、向量表征的媒体文本信息、图表征的企业关联关系。要想捕捉证券市场运行过程的全貌，就要综合考虑三大类影响因素对证券市场波动的合力作用。基于此，本书提出了一个面向证券市场动量溢出效应的大数据风险分析框架，细致地探究和捕捉多源异构的市场信息对证券市场波动的影响作用。图6-1描绘了本书所构建的面向证券市场动量溢出效应的大数据风险分析框架的系统结构。

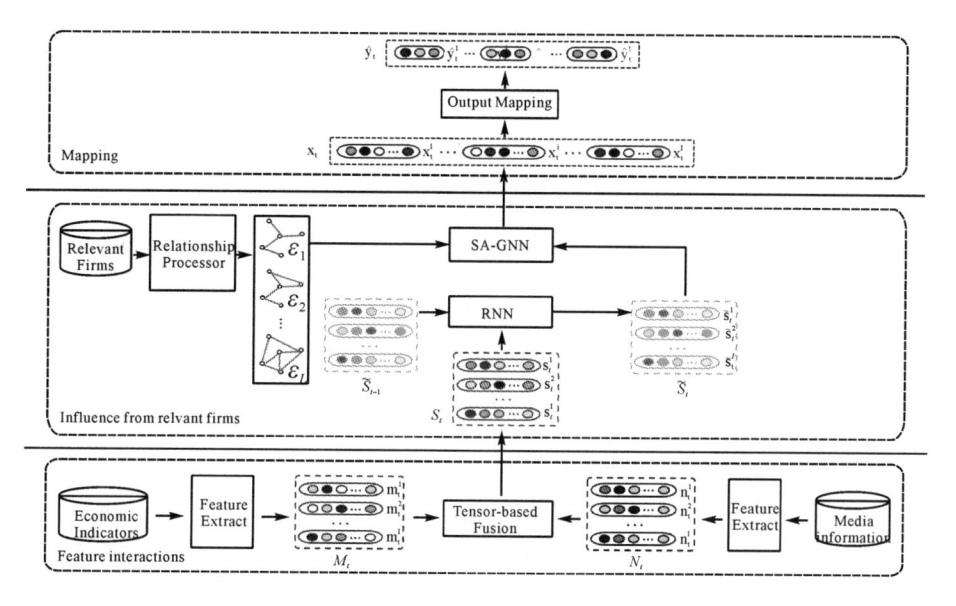

图 6-1 系统框架图

如图 6-1 所示，具体而言，在 t 时刻，所有企业的宏微观经济指标（M_t）和媒体文本信息（N_t）通过时序特征融合模块进行融合，以捕捉特征之间的交互作用；融合后的交互特征（S_t）作为输入变量，通过基于循环神经网络（Recurrent Neural Network，RNN）的时序模块，以捕捉股票数据的时间序列特性；捕捉时序特性后的时序融合特征（$\tilde{S}_t$）进一步与 t 时刻的企业关联关系特征（E_t）进行融合，以捕捉三大类异质市场信息的综合影响作用，最终得到捕捉了各类因素交互作用的影响证券市场波动的因素（X_t），并将其作为预测任务的输入变量。本章 6.2.2 和 6.2.3 将对该系统框架的实现过程进行详细阐述。

6.2.2 时序特征融合

证券市场具有时间序列特性。资产价格的波动是各种因素相互交融、共同作用的合力结果。现有研究的通用方法是使用基于 RNN 的时序算法捕捉时序市场信号的时间依赖特性，这些算法包括 LSTM 和 GRU 等（Chen, et al., 2018; Li, et al., 2016a; Li, et al., 2020a）。以前的研究只考虑宏微观经济指标对证券市场波动的影响作用，近年来，越来越多的研究开始将标量表征的宏微观经济指标和向量表征的媒体文本信息拼接成一个超级向量，作为各类基于 RNN 的时序模型的输入特征（Li, et al., 2014a）。然而，现有的研究几乎都没有考虑到宏微观经济指标和媒体文本信息的交互作用对证券市场波动的影响。基于此，本书提出基于张量的（tensor-based）特征融合算法，来捕捉标量表征的宏微观经济指标和向量表征的媒体文本信息之间的交互作用，以及交互特征的时间依赖特性。具体而言，本书提出的基于张量的特征融合算法由两个部分组成：基于张量的特征融合模块和基于 RNN 的时序模块。

（1）基于张量的特征融合模块

本书首先考虑用一个二阶参数化张量（a second-order parameterized tensor）来代表宏微观经济指标相关特征和媒体文本信息相关特征的交互作用，其中各阶分别表征宏微观经济指标相关特征和媒体文本信息相关特征。该二阶张量由图 6-2 所示的训练过程学习而得。其中，向量 $m_t^i = (m_{1,t}^i, m_{2,t}^i, \cdots, m_{M,t}^i)$ 代表股票 $i \in I$ 在第 t 个交易日的宏微观经济指标特征向量；M 代表宏微观经济指标特征向量的维度，即选取 M 个代表宏微观经济指标的特征；I 指股票数量。向量 $n_t^i = (n_{1,t}^i, n_{2,t}^i, \cdots, n_{N,t}^i)$ 代表股票 $i \in I$ 在第 t 个交易日的媒体文本信息特征向量；N 代表媒体文本信息特征向量的维度，即从一篇新闻文本中提取 N 个代表媒体文本信息的特征。$R \in \mathbb{R}^{M \times N}$ 代表二阶参数化张量，其中每个元素表示两两特征之间的交互强度。事实上，由于股票 i 在第 t 个交易日的交互特征由各类特征本身及不同类别的特征之间的交互作用决定；因此，本书将股票 i 在第 t 个交易日中媒体文本特征向量和第 k 维宏微观经济指标特征的交互作用定义为

$$h_{k,t}^i = m_{k,t}^i n_t^i \cdot R_t^i [k, 1:N]^T \tag{6-1}$$

式中，T 表示转置运算。然而，在真实市场运行过程中，不同特征之间的交互作用是随市场运行状态和公司经营状况的变化而变化的。为了捕捉不同特征之间的交互作用随时间推移而动态变化的特性，本书进一步提出一

个三阶参数化张量（a third-order parameterized tensor）$T \in \mathbb{R}^{M \times (M+N) \times N}$，替换二阶参数化张量 R_t^i，来记录异构特征之间交互作用的权重。因此，$R_t^i[k, 1:N]$ 可以被定义为

$$R_t^i[k, 1:N] = tanh\{[m_t^i \| n_t^i] \cdot T[k, 1:(M+N), 1:N]\}$$

(6-2)

式中，$\|$ 代表拼接操作，此处使用一个单层前馈神经网络的 $tanh$ 激活函数，依据股票 i 在第 t 个交易日的状态 $m_t^i \| n_t^i$ 捕捉当前时刻不同特征之间的交互作用的权重。因此，$h_{k,t}^i$ 可以被重新定义为

$$h_{k,t}^i = m_{k,t}^i \, n_t^i \cdot tanh\{[m_t^i \| n_t^i] \cdot T[k, 1:(M+N), 1:N]\}^T$$

(6-3)

基于此，由于市场中存在宏微观经济指标、媒体文本信息，以及两者的交互作用，故进一步将引起股票 i 在第 t 个交易日的价格波动的信息表示为 s_t^i，即：

$$s_t^i = tanh([n_t^i \| m_t^i \| h_t^i] W_f + b_f)$$

(6-4)

式中，W_f 为权重矩阵，b_f 为偏置项向量。

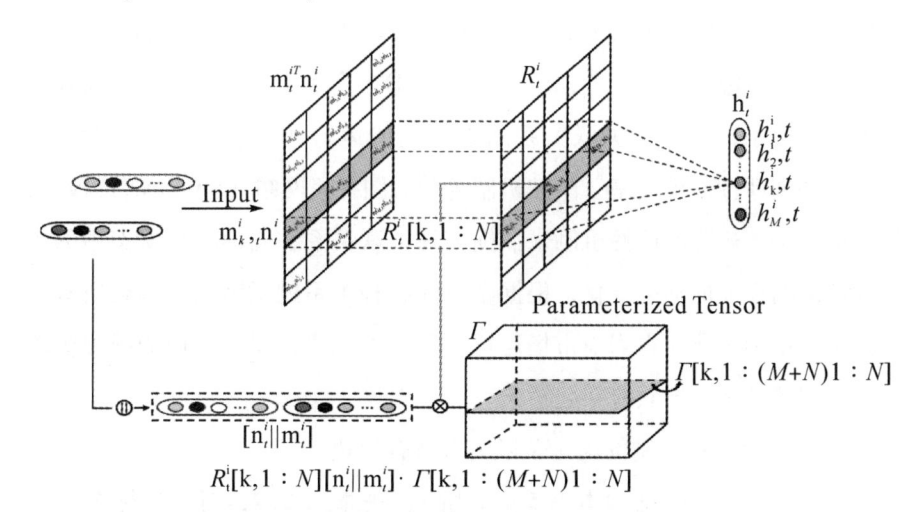

图 6-2　基于张量的特征融合模块结构图

（2）基于 RNN 的时序模块

股票价格波动趋势预测本质上是一个时间序列问题，股票价格当前的波动趋势受到过去的市场信息的影响。也就是说，对于股票 i，第 t 个交易日中影响其股票价格波动的因素不仅由当前的市场信息 s_t^i 决定，还会受到过去的市场信息 s_{t-1}^i 的影响。如图 6-1 所示，本书使用 LSTM 算法捕捉影响股票价格波动的时序市场信息 $\tilde{s}_t^i$，即：

$$\tilde{s}_t^i = RNN(\tilde{s}_{t-1}^i, s_t^i) \tag{6-5}$$

公式（6-5）中基于 RNN 的时序模块的状态转移机制能够捕捉隐藏在过去和当前状态中的价值信息（Sun, et al., 2017）。

6.2.3 关系特征融合

金融学最新研究成果表明，关联企业的资产收益率之间具有动量溢出效应，即一个企业的资产收益率波动会受到与之关联的企业过去的资产收益率波动的影响（Ali and Hirshleifer, 2020）。近年来，少数研究开始尝试使用 GNNs 探究动量溢出效应对资产价格波动的影响作用（Chen, et al., 2018；Feng, et al., 2019；Li, et al., 2020b）。然而，正如本书第 6 章所述，上市公司动量溢出研究应考虑两个问题：①在真实市场中，企业之间存在多种关联关系；②各种关联关系随着市场的运行和发展而动态变化。因此，本书创新性地提出基于门控机制的动态图神经网络（SA-GNN）模型，通过构建基于矩阵的门控机制来捕捉多种关联关系在当前市场状态中的重要性和影响程度的动态变化，根据企业间各种关系的贡献程度融合所有关联关系，得到企业间在当前市场运行过程中的综合关系，从而为捕捉关联企业之间的动量溢出效应架起桥梁。

（1）基于门控机制的动态关联关系融合模块

该算法的详细论证如本书 5.2.2 所述。根据 5.2.2，对于目标企业 i，其关联企业在 t 时刻对企业 i 的影响作用可以表示为

$$p_t^i = \sigma(\sum_{j \in N_i} \tilde{e}_t^{i,j} \tilde{s}_t^j W_e) \tag{6-6}$$

（2）输出映射模块

在捕捉了关联企业的影响作用（p_t^i）后，将关联企业在 t 时刻对目标企业 i 的影响作用，与企业 i 自身在 t 时刻的属性 $\tilde{s}_t^i$ 拼接，作为目标函数的输入变量 x_t^i，即：

$$x_t^i = \tilde{s}_t^i \parallel p_t^i \qquad (6-7)$$

最后，使用单层前馈神经网络（feed-forward neural network）的 $softmax$ 函数预测资产价格在未来走势的概率，$\hat{y}_t^i$，即：

$$\hat{y}_t^i = softmax(x_t^i W_o + b_o) \qquad (6-8)$$

式中，W_o 为神经网络的参数矩阵，b_o 为神经网络的偏置项向量。计算 $\hat{y}_t^i$ 与 y_t^i 之间的交叉熵损失，并通过反向传播来学习模型中的参数。本书提出的面向证券市场动量溢出效应的大数据风险分析框架使得深入理解证券市场微观结构和内在运行机理、捕捉关联企业之间随市场运行状态变化而变化的动量溢出效应成为可能。

6.3 数据统计及实验准备

为了验证本书构建的面向证券市场波动的多源异构市场信息融合深度学习预测框架的有效性和通用性，本书同时针对中国市场和美国市场展开分析。据知，本书提出的深度学习预测框架是首个融合各类引起市场波动的异构（标量、向量、图结构）信息的资产价格预测框架。本节将对实验所需数据及相关准备工作进行描述，主要包括三个部分：一是本实验所需样本数据、数据标准化方法、滑动窗口设置及实验数据的统计性描述；二是模型的相关参数设置；三是所需对比实验方法设置。详见下文。

6.3.1 市场信息概述

近代金融学理论将影响证券市场波动的因素大致分为三大类：数值表

征的宏微观经济指标、向量表征的媒体文本信息和图表征的企业关联关系。因此,根据金融学的最新理论,本书将三大类异构(标量、向量、图结构)信息融入同一框架,研究三大类异构市场信息对证券市场波动的合力影响作用。本书涉及的三大类异构市场信息如下:

• 宏微观经济指标(Mt)。根据有效市场假说,企业的股票价格能够反映其内在价值(Fama and French,1993)。因而本书选取以下股票历史交易数据属性作为企业基本面特征,以捕捉企业的内在价值。Li,et al.(2016a)指出,这些属性都具有一定程度的预测价值。本书选取的股票历史交易特征为日价格数据,包括开盘价(Open)、收盘价(Close)、最高价(High)、最低价(Low)、换手率(TO)、成交量(Vol)、市盈率(P/E),市净率(P/B)、总资产收益率(ROA),净资产收益率(ROE),收益率(RET)。

• 媒体文本信息(Nt)。现代行为金融学研究表明,有限理性的投资者容易受到新闻信息的影响而产生情绪波动(Tetlock,2007;Tetlock,et al.,2008)。本书的新闻数据用于提取新闻情感,以及基于媒体新闻共同报道的关联关系。本书依据 Tetlock,et al.(2008)和 Loughran and McDonald(2011)的方法量化新闻文本,从每篇新闻中提取八种情绪来表征媒体文本信息的影响作用。依据 Loughran and McDonald(2011)的方法,八种情绪分别为:积极情绪($m_{i,t}^+$)、消极情绪($m_{i,t}^-$)、情感两极性($d_{i,t}$)、不确定性情绪($m_{i,t}^{unc}$)、法律诉讼情绪($m_{i,t}^{lit}$)、金融监管情绪($m_{i,t}^{cons}$)、弱情态($m_{i,t}^{weak}$)、中性情态($m_{i,t}^{mode}$)、强情态($m_{i,t}^{stro}$)。

• 企业关联关系(E_t)。金融学研究成果指出,企业之间的关联关系是影响资产价格波动的重要因素。近年来,金融学最新研究成果表明,企业之间的关联关系会产生动量溢出效应,并指出行业关联、地域关联、技术亲密度、分析师共同提及关联是衡量动量溢出效应的关键因素。本书指出,企业之间基于媒体新闻共同报道的关联关系也是引起动量溢出效应的重要因素之一。为了便于实验研究,本书选取了四个代表性的企业关联关系，分别为行业关联、供应链关联、分析师关联、本书第 3 章提出的基于媒体新闻共同报道的关联关系。每种类型的企业关系都由一个邻接矩阵表示，矩阵的行和列为企业的索引。不考虑矩阵自连接边的影响。

6.3.2 样本数据及统计描述

本书同时对中国市场和美国市场展开分析。基于中国证券市场和美国证券市场的真实交易数据，本书构建了两个包含不同数据属性的数据集，以衡量所提出的预测框架的有效性和通用性。两个数据集分别由 CSI 300 指数成分股和 S&P 500 指数成分股的真实市场数据构成，详情如下：

• CSI 300 指数成分股。对于中国证券市场，本书选取 CSI 300 成分股为研究对象。该数据集包含 2016 年 1 月 1 日至 2016 年 12 月 31 日期间 CSI 300 成分股的历史交易数据，2015 年 1 月 1 日至 2016 年 12 月 31 日期间 CSI 300 成分股的新闻文本数据，以及 2015 年 1 月 1 日至 2015 年 12 月 31 日期间 CSI 300 成分股的企业关联关系数据。股票历史交易数据和企业关联关系数据来自 CSMAR 经济金融研究数据库。本书选取了三种具有代表性的企业关联关系，分别是行业关联关系、分析师关联关系、本书提出的基于新闻共同报道的媒体关联关系。媒体新闻数据由本书 3.2.1 构建的新闻抓爬器获取，共包含新闻篇 73 133 篇，其中 2016 年共包含新闻 53 280 篇，用于提取新闻情感；2015 年共包含新闻 19 853 篇，用于构建基于媒体关联的企业网络。

• S&P 500 指数成分股。对于美国证券市场，本书选取 S&P 500 成分股为研究对象。该数据集包含 2011 年 2 月 8 日至 2013 年 11 月 18 日期间 S&P 500 成分股的历史交易数据，2010 年 1 月 1 日至 2013 年 11 月 18 日期间 S&P 500 成分股的新闻文本数据，以及 2010 年 1 月 1 日至 2011 年 2 月 7 日期间 S&P 500 成分股的企业关联关系数据。股票历史交易数据来自沃顿数据库（Wharton Research Data Services，WRDS）[1]，媒体新闻数据来自

---

[1] https://wrds-www.wharton.upenn.edu.

(Ding, et al., 2015)提供的开源新闻数据集。其中,本书用于提取新闻情感的新闻文本共 386 172 篇,用于构建基于媒体关联的企业网络的新闻文本共 87 402 篇。本书选取行业关联关系、供应链关联关系、本书提出的媒体关联关系作为美股市场的三种代表性关联关系。其中,行业关联和供应链关联关系数据来自 S&P Capital IQ 数据库[①]。

表 6-1 描述了 CSI 300 指数成分股数据集和 S&P 500 指数成分股数据集涉及相关数据的统计性描述。

表 6-1 中国市场与美国市场样本数据描述性统计

类别	数据集	
	CSI 300	S&P 500
实验时期	2016/01/01—2016/12/31	2011/02/01—2013/11/18
公司数量	276	198
新闻数量/篇	53 280	386 172
M_t	Open, High, Low, TO, Vol, P/E, P/B, ROA, ROE	Open, High, Low, TO, RET
N_t	$m_{i,t}^{+}$, $m_{i,t}^{-}$, $m_{i,t}^{unc}$, $m_{i,t}^{lit}$, $m_{i,t}^{cons}$, $m_{i,t}^{weak}$, $m_{i,t}^{mode}$, $m_{i,t}^{stro}$	$m_{i,t}^{+}$, $m_{i,t}^{-}$, $d_{i,t}$
ε_t	行业关联、供应链关联、媒体关联	行业关联、分析师关联、媒体关联

值得注意的是,由于美国证券市场存在做市商(market maker),其与中国证券市场的运行机制存在明显差异。市场运行机制的差异以及两个数据集在数据规模和数据特性上的区别,为验证本书构建的面向证券市场动量溢出效应的大数据风险分析框架的有效性和通用性提供了独特的视角(Cao, et al., 2016)。

6.3.3 模型参数设置

对于中国证券市场数据集,本书使用前 8 个月的数据作为训练集,使

---

① https://www.capitaliq.com.

用第 9 至 10 个月的数据作为验证集，使用最后 2 个月的数据作为测试集；美国证券市场数据集共包含 700 个交易日的数据，本书使用前 80% 的数据作为训练集，使用随后 10% 的数据作为验证集，使用最后 10% 的数据作为测试集。两个市场的数据在训练集、验证集和测试集的比例均为 8∶1∶1。值得注意的是，为了保障实验结果的稳健性和可信性，对于两个市场的数据集而言，本书对不同参数设定下的每个模型进行 30 次的训练，选取验证集上预测结果最好的 5 个模型，将其分别在测试集上的预测结果的均值作为股价运行趋势的最终预测结果，以消除随机初始化引起的波动。本章实验使用 NVIDIA GeForce RTX 2080Ti GPU 开展，每次训练平均花费 1.5 小时。

本书构建的面向证券市场波动的多源异构市场信息融合深度学习预测框架由 Pytorch 实现，采用网格搜索对参数进行优化，以达到最优性能。本书将滑动窗口大小 T 的选取范围设定为 {5，10，15，20，25，30}，其余参数的维度的选取范围设定为 {30，60，120，150，240}。对于美国市场（中国市场）而言，本书选取最优滑动窗口值 $T=30$（$T=5$），对基于门控机制的自适应动态图神经网络模型进行训练，即使用前 30（5）天的股票交易数据和新闻情感数据特征去预测第 31（6）天的股价走势；实验中所涉及的其余所有参数的维度设定为 60（30），包括 LSTM 模型隐藏层的大小。所有参数都使用 Glorot 初始化（Glorot Initialization）方法进行初始化（Glorot and Bengio，2010）。本书将 Adam 优化器（Kingma and Ba，2015）的初始学习率设定为 0.001。

6.3.4 对比模型设置

为了评估本书提出的面向证券市场波动的多源异构市场信息融合深度学习预测框架的性能，本书开展了一系列的实验，将本书提出的模型与经典的深度学习模型，以及最新的面向证券市场波动的智能计算深度学习模型进行比较，包括长短时记忆（Long Short Term Memory，LSTM）网络、门控循环单元（Gated Recursive Unit，GRU）网络、事件驱动的长短时记忆

(Event-driven Long Short Term Memory，eLSTM）网络、图卷积神经网络（Graph Convolutional Network，GCN）、图注意力神经网络（Graph Attention Network，GAT）、时间图卷积（Temporal Graph Convolution，TGC）神经网络等。依据模型是否适用于处理图结构（企业关联关系）的信息，将上述对比模型分为两类，如下文所述：

（1）不适用于处理图结构（企业关联关系）信息的模型

经典的深度学习模型能够考虑证券市场的时序数据特性，但不适用于处理图结构的信息，因而无法考虑企业关联关系对证券市场波动的影响作用。本书将企业基本面特征与新闻情感特征拼接成一个超级向量，作为对比模型的输入特征。本书选取的对比模型如下：

• LSTM：是专门用于处理时间序列数据的模型。LSTM 模型可以很好地处理和捕捉股票数据的时序特性。

• GRU：是循环神经网络（RNN）中的一种门控机制，旨在解决标准 RNN 中的梯度消失或爆炸问题，同时保留序列的长期信息。GRU 是 LSTM 模型的的简化版本，能够有效地保留序列数据的长期依赖性。GRU 通常比 LSTM 的性能更好。

• eLSTM：Li，et al.（2020a）提出的 eLSTM 模型能够有效处理和捕捉受新闻事件驱动的股票数据的时序特性。

（2）适用于处理图结构（企业关联关系）信息的模型

随着深度学习技术的发展，尤其是计算机领域在图神经网络算法（Graph Neural Network，GNN）上取得的进展，有效表征企业关联关系并捕捉该关联关系下新信息的聚合和转移对相关公司的影响作用成为可能。本书选取现阶段最具影响力和创新性的图神经网络算法，即 GCN 和 GAT，以及面向证券市场波动的最新智能计算深度学习模型 TGC，作为对比模型，其将每个企业视为一个节点，节点的属性由企业的基本面特征和新闻情感特征构成。节点之间的连边代表企业之间的关联关系。本书将企业基本面特征与新闻情感特征拼接成一个超级向量，作为对比模型的输入特征。本书选取的对比模型如下：

- GCN：是深度学习的代表算法之一，具有表征学习能力，能够按其阶层结构对输入信息进行平移不变分类，是一种光谱学习方法（Spectral Approaches），需要基于相应的图结构进行学习。GCN 适用于依据静态的图结构表示股票之间的关联性。本书选用具有 2 个卷积层（Convolution Layers）的 GCN 模型作为对比模型。
- GAT：是最新的深度学习的代表算法，是直接利用节点的空间信息进行学习的非谱学习方法（Non-spectral Approaches）。本书将企业基本面特征与新闻情感特征拼接成的超级向量作为节点特征输入 GAT。本书使用具有 2 个隐藏层（Masked Self-attention Layers）的 GAT 模型作为对比模型。
- TGC：Feng, et al.（2019）提出的 TGC 模型是目前最新的面向证券市场波动的股票预测模型，其能够有效捕捉企业关联关系对证券市场波动的影响作用，但没有考虑各类因素的交互作用对证券市场的影响。

本书第 5 章构建了基于门控机制的自适应动态图神经网络算法（SA-GNN），能够有效捕捉关联企业之间随市场运行状态动态变化的动量溢出效应。在第 5 章构建的 SA-GNN 模型的基础上，本章提出的面向证券市场动量溢出效应的大数据风险分析框架（MSRAF），将三大类异构（标量、向量、图结构）的市场因素进行融合，从而实现了捕捉三大类市场因素对证券市场波动的合力影响。本章将本书 6.2.2 部分基于时序特征融合算法捕捉的企业基本面特征与新闻情感特征的融合特征，作为 MSRAF 的输入特征。

6.4 实验结果分析

上一节描述了评估面向证券市场波动的多源异构市场信息融合深度学习预测框架的性能所需样本数据、数据预处理和描述性统计、模型参数设置，及对比实验设置等相关内容。本节将在此基础上展开一系列实验，并对实验结果进行分析。本节由三个部分组成，首先介绍评估模型性能和预测准确性的评价指标,其次将本书提出的面向证券市场动量溢出效应的大数据风险分析框架(MSRAF)与对比模型的性能进行比较,最后详细剖析本书构建的预测框架的有效性。

6.4.1 评价指标

参照本书5.4.1节的描述,本书选取 DA 和 AUC 作为预测结果的评价指标(Duan, et al., 2018; Li, et al., 2016a)。DA 是股票预测分类任务中使用最普遍的度量标准,其衡量了预测的估价运行趋势与股票价格实际变化趋势之间的差异。但是,对于样本类别不平衡的数据集,DA 倾向于将分类结果认定为较多的样本数据类别,从而存在预测偏差(Li, et al., 2020a)。因此,本书进一步选取 AUC 作为预测结果的评价指标,AUC 度量了精确召回曲线下面积,能够有效避免样本数据不平衡造成的偏差。DA 和 AUC 的值越接近100%,代表预测准确率越高,模型的性能越好。本书使用当日收盘价 $Close_t$ 与前一日收盘价 $Close_{t-1}$ 的差值作为预测股价的方向,即二分类预测任务的标签。有关评价指标 DA 和 AUC 的定义、计算方法,和其他相关内容参见本书5.4.1节。

6.4.2 对比模型结果分析

本节将对本书提出的面向证券市场动量溢出效应的大数据风险分析框架(MSRAF)的性能进行分析。表6-2展示了本书构建的模型性能与对比模型性能的比较结果。

表6-2 模型性能对比结果

类别	模型	S&P 500 DA	S&P 500 AUC	CSI 300 DA	CSI 300 AUC
对比模型 (不考虑企业关联)	LSTM	0.516	0.512	0.526	0.531
	GRU	0.518	0.515	0.533	0.536
	eLSTM	0.522	0.524	0.537	0.540

表6-2(续)

类别	模型	S&P 500 DA	S&P 500 AUC	CSI 300 DA	CSI 300 AUC
对比模型（考虑企业关联）	GCN	0.514	0.516	0.528	0.534
	GAT	0.516	0.518	0.538	0.539
	TGC	0.530	0.532	0.543	0.545
本书提出的模型	**MSRAF**	**0.553**	**0.574**	**0.567**	**0.576**

由表 6-2 可知，本书构建的面向证券市场动量溢出效应的大数据风险分析框架（MSRAF）在中国证券市场和美国证券市场都取得了很好的表现，表明该模型的有效性和通用性较强。具体而言，本书构建的 MSRAF 在 CSI 300 成分股 2016 年期间市场表现的实验结果表明，基于 DA 和 AUC 评价指标，MSRAF 相较于 eLSTM、GAT 和 TGC 而言，预测性能分别提高了 5.59%、5.39% 和 4.42%，以及 6.67%、6.86% 和 5.69%；MSRAF 模型在 S&P 500 成分股 2011 年 2 月 8 日至 2013 年 11 月 18 日期间市场表现的实验结果表明，基于 DA 和 AUC 评价指标，MSRAF 相较于 eLSTM、GAT 和 TGC 而言，预测性能分别提高了 5.94%、7.17% 和 4.34%，以及 9.54%，10.81%，7.89%。

另外，在 CSI 300 成分股和 S&P 500 成分股上的实验结果分别表明，能够捕捉时序特性的模型，如 LSTM、GRU 和 eLSTM，和能够捕捉关联企业之间动量溢出效应的模型，如 GCN 和 GAT，其模型性能相当，且远不如本书提出的 MSRAF 在股价趋势预测任务上的表现。这是由于上述对比模型仅仅将结构化的市场信息作为模型的输入特征，而无法捕捉特征之间交互作用的影响。对于 TGC 模型而言，由于其既捕捉了股票数据的时间依赖性，又考虑了基于企业关联的动量溢出效应对证券市场波动的影响作用，因而其在中国证券市场和美国证券市场的表现较其他对比模型而言具有较大优势。然而，相较于现有研究中具有最好的表现的 TGC 模型，本书提出的面向证券市场动量溢出效应的大数据风险分析框架（MSRAF）的性能具有明显的优势和表现。事实上，本书提出的面向证券市场动量溢出效应的大数据风险分析框架（MSRAF）在捕捉了股票数据的时间依赖性和基于企业关联的动量溢出效应对证券市场波动的影响的基础上，还考虑到了具有异质性的特征之间的交互作用对股票价格波动的影响作用，因而能够更好地理解资产价格波动的内在机理，捕捉影响资产价格波动的本质因素。

6.4.3 模型的有效性分析

本节将进一步剖析本书提出的面向证券市场动量溢出效应的大数据风险分析框架（MSRAF）的有效性。本书提出的面向证券市场动量溢出效应的大数据风险分析框架能够捕捉三大类异构（标量、向量、图结构）信息对证券市场波动的合力作用。特别地，针对不同类别的市场因素的数据特性，本书提出了相适应的特征融合算法模块，即基于张量的特征融合模块和基于门控机制的动态关联关系融合模块。为了理解模型的设计逻辑和有效性，本书开展了一系列实验，详细分析了模型的机制和功能的效用。

（1）基于张量的特征融合模块的有效性

现有的大多数面向证券市场波动的智能计算模型将数值表征的企业基本面特征与向量表征的新闻文本特征拼接成一个超级向量，作为模型的输入特征，而没有考虑到这两类特征的交互作用对证券市场波动的影响作用。本节将对比三种融合企业基本面特征与新闻文本特征的方法，以探究融合后的交互特征对证券市场波动的影响作用。具体而言，三种融合企业基本面特征与新闻文本特征的方法如下：

● $MSRAF_v$：将数值表征的企业基本面特征与向量表征的新闻文本特征拼接成一个超级向量，作为本书提出的 MSRAF 模型的输入特征。

● $MSRAF_s$：使用本书提出的基于二阶张量的特征融合方法［公式(6-1)］，根据静态的市场信号捕捉特征之间的关联关系。

● $MSRAF_d$：使用本书提出的基于三阶张量的特征融合方法［公式(6-3)］，根据动态变化的市场信号捕捉特征之间的关联关系。

表 6-3 对比了上述各种特征融合方法的有效性。

表6-3　特征融合方法有效性对比

特征融合方法	S&P 500 DA	S&P 500 AUC	CSI 300 DA	CSI 300 AUC
$MSRAF_v$	0.530	0.540	0.541	0.562
$MSRAF_s$	0.547	0.564	0.558	0.565
$MSRAF_d$	**0.553**	**0.574**	**0.567**	**0.576**

由表6-3可知，基于中国市场和美国市场的实验结果表明，基于三阶张量的特征融合方法（$MSRAF_d$）能够有效捕捉数值表征的企业基本面特征与向量表征的新闻文本特征之间随着市场运行状态而动态变化的交互关系，从而使得本书提出的面向证券市场动量溢出效应的大数据风险分析框架（MSRAF）具有很好的预测效果。

为了更直观地理解基于三阶张量的特征融合方法捕捉的特征交互作用的有效性和合理性，本书对S&P 500成分股测试集上的预测结果进行可视化分析。图6-3描绘了测试集上某一时刻企业基本面特征与新闻文本特征的两两交互关系强弱热力图。其中，暖色调代表正相关关系，冷色调代表负相关关系，颜色越深，相关性越强。例如，由图6-3所示，最高价（High）与积极情感（Pos）之间具有较强的正相关关系，与消极情感（Neg）之间具有较强的负相关关系。该结论与证券市场媒体效应研究的结论一致，即新闻报道的情绪会对资产价格波动产生显著影响，积极情绪有助于推高股票当日最高价格，消极的情绪有助于拉低股票当日最高价格。

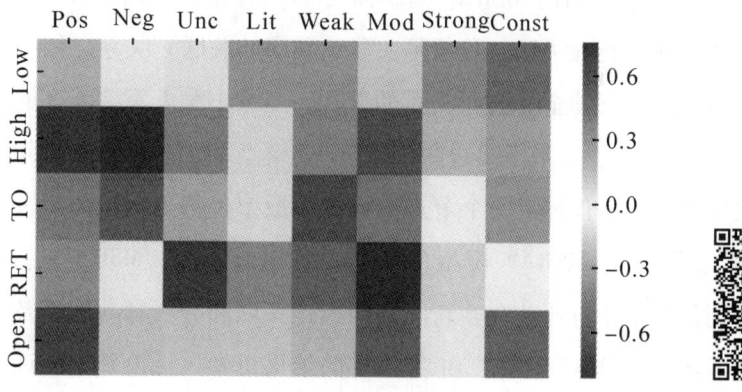

图6-3　特征交互作用强弱热力图　　　　扫码可见图6-3彩色图

（2）基于门控机制的动态关联关系融合模块

为了验证本书提出的面向证券市场动量溢出效应的大数据风险分析框架（MSRAF）中，基于门控机制的动态关联关系融合模块的有效性，本书分别基于中国证券市场和美国证券市场的真实运行情况开展了一系列实验。表6-4展示了在MSRAF捕捉了数值表征的企业基本面特征与向量表征的新闻文本特征的交互作用的基础上，根据基于门控机制的动态关联关系融合模块进一步捕捉关联企业之间动量溢出效应的有效性。

表6-4 企业动态关系融合有效性

类别	企业关联关系	S&P 500 DA	S&P 500 AUC	CSI 300 DA	CSI 300 AUC
单一静态关联	$MSRAF_{none}$	0.520	0.530	0.541	0.549
	$MSRAF_{industry}$	0.530	0.541	0.530	0.528
	$MSRAF_{news}$	**0.532**	**0.544**	**0.553**	**0.558**
	$MSRAF_{chain/analyst}$	0.525	0.534	0.540	0.543
静态关联融合	$MSRAF_{average}$	0.518	0.528	0.534	0.538
	$MSRAF_{weighted}$	0.528	0.533	0.543	0.551
动态关联融合	$MSRAF_{local\_gate}$	0.537	0.551	0.541	0.554
	$MSRAF_{global\_gate}$	**0.553**	**0.574**	**0.567**	**0.576**

表6-4列举了本书提出的MSRAF框架捕捉单一的静态关联关系、静态融合三种企业关联（行业关联、分析师关联、和媒体关联）关系、依据市场运行状态动态融合三种企业关联关系的表现。与本书第5章5.4.3的分析方法一致，$MSRAF_{none}$是基于无边图的MSRAF模型，意味着企业之间不存在任何关联关系，是仅捕捉每个节点的特征对股票价格运行趋势的影响作用时，本书提出的MSRAF模型的表现。$MSRAF_{industry}$、$MSRAF_{news}$、$MSRAF_{analyst}$分别代表基于行业关联、新闻共同报道关联和分析师共同提及关联的企业关系图的MSRAF模型。由表6-4的结果可知，无论是中国证券市场还是美国证券市场，基于本书提出的媒体关联捕捉企业关联关系的

模型（MSRAF$_{news}$）对预测资产价格波动趋势具有较好的表现。该结论进一步验证了本书提出的企业之间基于媒体关联的关联关系能够有效捕捉企业之间的内在关联，基于媒体关联的动量溢出效应对资产价格波动具有重要影响作用。

考虑多种关系融合的模型能够明显降低噪声并提高模型的预测表现。如何融合多种企业关联关系从而更接近真实市场运行状况值得深思。本书使用简单加权平均（MSRAF$_{average}$）和基于神经网络模型学习关联关系权重（MSRAF$_{weighted}$）来融合多种企业关联关系。但是，这两种方法捕捉的是静态的企业关联关系，也就是说，三种关联关系一经模型学习确定便固定不变，因而无法反映真实的资产价格随市场运行而动态变化的特性。因此，本书进一步将资产价格动态变化的性质考虑进来，MSRAF$_{local\_gate}$反映了以资产自身运行状态作为信号，判断并调节当前市场运行状态下，不同企业关联关系对资产价格波动的影响程度。MSRAF$_{global\_gate}$反映了以整个市场运行状态作为信号，判断并调节当前市场运行状态下，不同企业关联关系对资产价格波动的影响程度。结果表明，本书提出的随市场整体运行状态变化动态融合企业关联关系的模型（MSRAF$_{global\_gate}$）取得了很好的表现，对于中国证券市场而言，模型的 DA 和 AUC 分别达到了 0.567 和 0.576；对于美国证券市场而言，模型的 DA 和 AUC 分别达到了 0.553 和 0.574。

为了更直观地理解企业之间关联关系会随市场运行状态变化而动态变化的性质，本书以美国证券市场为例，进一步对整个测试集上的预测结果进行可视化分析。图 6-4 展示了 S&P 500 成分股中美国银行（Bank of New York，BK）和其关联企业爱迪生联合电气公司（Consolidated Edison，ED）之间的行业关联关系、供应链关联关系、媒体关联关系在不同时期影响力的变化程度。

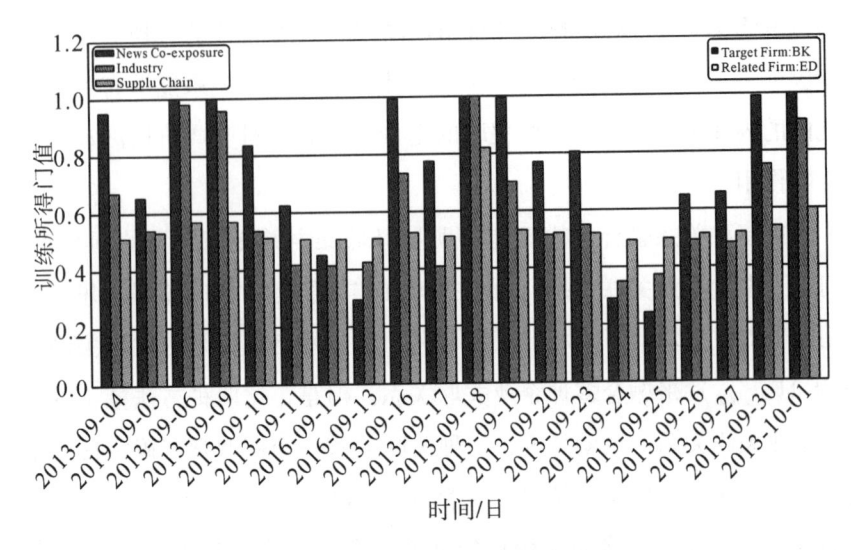

图6-4 企业关联关系动态变化图

6.4.4 策略投资模拟

根据6.4.3的可视化结果可知，本书构建的面向动量溢出效应的大数据风险分析框架（MSRAF）能够有效捕捉市场不同运行时期，数值表征的经济指标和文本向量表征的媒体信息之间的交互作用，并能够实时监控和动态捕捉企业之间关联关系的重要程度和影响力的变化，这无疑为量化投资交易策略的构建提供了一个面向关联企业动量溢出效应的新思路。为了探究本书构建的MSRAF在实际应用中的有效性，本节分别面向中国证券市场和美国证券市场，运用MSRAF进行投资模拟仿真测试。

本书运用MSRAF进行投资模拟时采取的投资策略如下：

事实上，真实的市场存在交易摩擦和交易成本，且中国证券市场实施"T+1"的交易机制，美国证券市场实施"T+0"的交易机制，会对模拟投资策略的有效实施造成一定限制。出于简化策略实施及分析的考虑，本书在投资模型中不考虑交易成本，并假设不存在交易摩擦，即能够顺利地实施买入和卖出操作，可以进行卖空操作，并设定当日可以同时实施买入和卖出策略，以对比所构建的MSRAF在中美两个市场中的盈利能力。

- 初始资金：人民币 10 000 元。
- 交易时间：基于本章 6.3.3 的模型参数设置，为了验证所构建的 MSRAF 在投资模拟中的有效性，选取整个测试集作为模拟投资的时长，根据模型的预测结果指导模拟买入和模拟卖出投资策略的构建。具体而言，对于 CSI 300 成分股数据集，选取 2016 年 11 月 1 日至 2016 年 12 月 31 日期间可交易日（共 44 个连续的可交易日）作为投资模拟的交易时间；对于 S&P 500 成分股数据集，选取 2013 年 8 月 13 日至 2013 年 11 月 18 日期间可交易日（共 70 个连续的可交易日）作为投资模拟的交易时间。
- 模拟买入操作：如果模型预测某只股票在下一个交易日为涨（即标签为 1），则在下一个交易日开盘时实施买入操作，在收盘时实施卖出操作，并将该交易日交易结束后可能的盈利（或亏损）和初始本金一同作为下一个交易日的本金。
- 模拟卖出操作：如果模型预测某只股票在下一个交易日为跌（即标签为 0），则在下一个交易日开盘时实施卖出操作，在收盘时实施买入操作，并将该交易日交易结束后可能的盈利（或亏损）和初始本金一同作为下一个交易日的本金。

图 6-5 展示了使用 MSRAF 在 CSI 500 数据集上进行投资模拟仿真测试获得累计收益的结果。基于 MSRAF 的预测结果，选取预测准确率最高的股票构建投资组合，并依据模型的预测结果，对投资组合内的股票进行买入和卖出操作。本仿真测试中构建了四个投资组合，分别是模型预测准确率最高的前 5 只股票（top_5）、模型预测准确率最高的前 10 只股票（top_10）、模型预测准确率最高的前 30 只股票（top_30）、模型预测准确率最高的前 50 只股票（top_50）。由图 6-5 所示的模拟结果可知，使用 MSRAF 进行投资，在 44 个交易日内累计获得的收益最高可达 22.78%（即，top_5 投资组合所能获取的收益最大），账户中总资金从初始的人民币 10 000 元涨至人民币 12 277.97 元。买卖 top_50 投资组合在 44 个交易日内累计获得的收益为 13.23%，账户中总资金从初始的人民币 10 000 元涨至人民币 11 323.30 元。

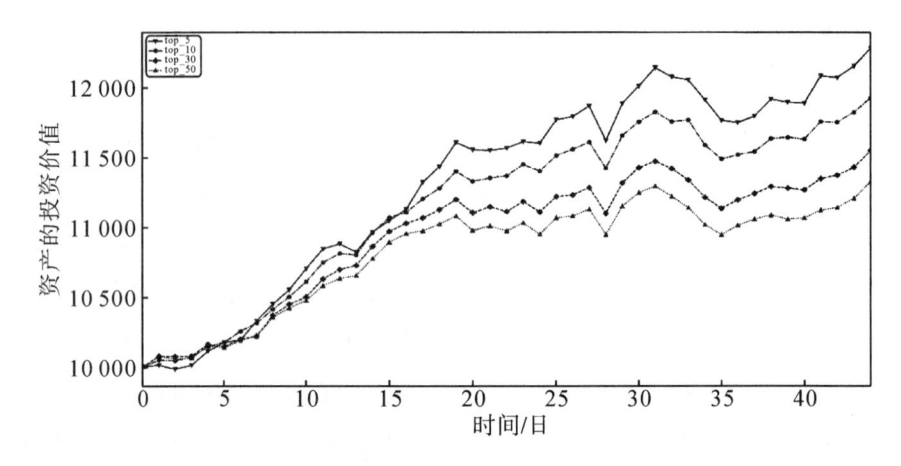

图 6-5 投资策略累计收益比较（中国市场）

图 6-6 展示了使用 MSRAF 在 S&P 500 数据集上进行投资模拟仿真测试获得累计收益的结果。基于 MSRAF 的预测结果，选取预测准确率最高的 10 只股票，并依据模型的预测结果，对所选股票进行买入和卖出操作。本仿真测试中选取的模型预测准确率最高的 10 只股票依次为纽约梅隆银行（Bank of New York Mellon, BK）、北方信托公司（Northern Trust Corporation, NTRS）、马拉松石油公司（Marathon Oil Corporation, MRO）、波士顿科技公司（Boston Scientific Corporation, BSX）、如家（Honeywell International Inc, HON）、大都会保险公司（Metlife Inc, MET）、库珀公司（Cooper Companies, COO）、美国运通公司（American Express Company, AXP）、高盛投资（Goldman Sachs, GS）、雅培公司（Abbott Laboratories, ABT）。由图 6-6 所示的模拟结果可知，使用 MSRAF 进行投资，在 70 个交易日内，买卖预测准确率排名第三的股票马拉松石油公司（MRO）累计获得的收益最高，可达 34.33%，账户中总资金从初始的人民币 10 000 元涨至人民币 13 433.45 元。买卖预测准确率排名第六的股票库珀公司（COO）累计获得的收益最低，为 12.93%，账户中总资金从初始的人民币 10 000 元涨至人民币 11 293.19 元。

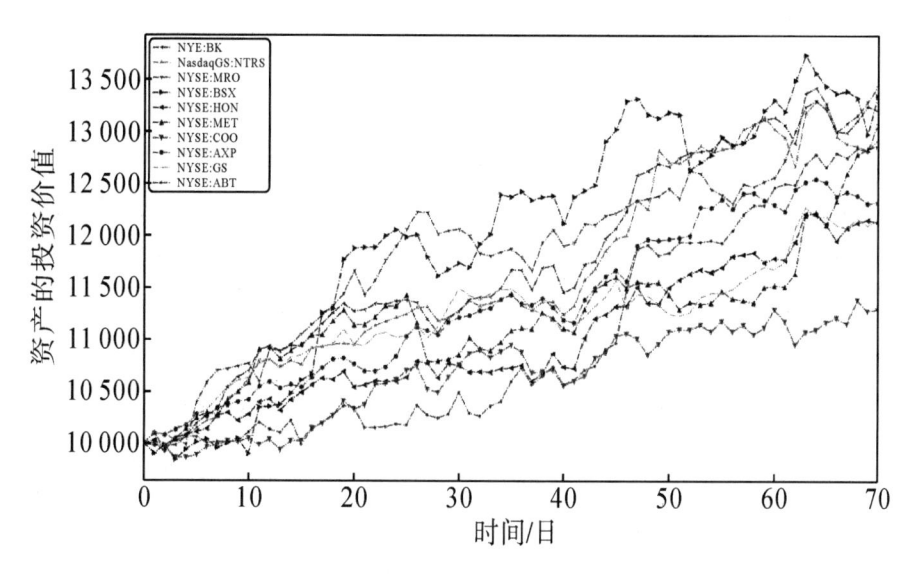

图 6-6 投资策略累计收益比较（美国市场）

6.5 本章小结

证券市场是一个复杂的动态系统，其波动一定是各种因素相互交融、共同作用的合力结果。要想理解证券市场运行过程的全貌，就要综合考虑各类影响因素对证券市场波动的合力作用。基于此，本章从"融合"的视角出发，提出面向证券市场动量溢出效应的大数据风险分析框架，考虑宏微观经济指标、媒体文本信息和企业关联关系三大类市场因素对证券波动的合力影响。具体而言，本书首先构建了一个基于张量的特征融合算法，来捕捉标量表征的宏微观经济指标和向量表征的媒体文本信息之间在不同时期的交互作用。其次，本书创新性地提出基于门控机制的动态图神经网络算法，将企业间多种关系进行融合，并动态地捕捉不同市场运行状态下，企业之间关联关系的变化对资产价格波动的影响作用，特别是捕捉基于多种企业关联的动量溢出效应，从而为理解和捕捉企业之间的多种关联关系在市场运行过程中对企业资产价格或收益率变动的动态影响和综合作用提供参考。

为了验证本书构建的面向证券市场动量溢出效应的大数据风险分析框架的有效性和通用性，本章同时对中国证券市场和美国证券市场展开分析。在 CSI 300 成分股和 S&P 500 成分股历史数据集上的实验结果表明，本书提出的融合框架的性能优于现有算法。特别地，本书构建的 MSRAF 在 CSI 300 成分股 2016 年期间市场表现的实验结果表明，基于 DA 评价指标，MSRAF 相较于 eLSTM、GAT 和 TGC 的预测性能分别提高了 5.59%、5.39%和 4.42%；基于 AUC 评价指标，MSRAF 相较于 eLSTM、GAT 和 TGC 的预测性能分别提高了 6.67%、6.86%和 5.69%。MSRAF 模型在 S&P 500 成分股 2011 年 2 月 8 日至 2013 年 11 月 18 日期间市场表现的实验结果表明，基于 DA 评价指标，MSRAF 相较于 eLSTM、GAT 和 TGC 的预测性能分别提高了 5.94%、7.17%和 4.34%；基于 AUC 评价指标，MSRAF 相较于 eLSTM、GAT、和 TGC 的预测性能分别提高了 9.54%、10.81%和 7.89%。本章基于所构建的面向动量溢出效应的大数据风险分析框架（MSRAF）设计量化投资策略，并面向中国证券市场和美国证券市场，运用 MSRAF 进行投资模拟仿真测试。对于中国证券市场，使用 MSRAF 构建的投资组合在 44 个交易日内的累计收益最高达 22.78%；对于美国证券市场，使用 MSRAF 选取预测准确率最高的资产作为投资标的，在 70 个交易日内累计收益最高达可达 34.33%。

7　总结、不足与未来展望

资本市场波动风险分析是金融风险研究领域永恒的主题。事实上，深入厘清证券市场微观结构和内在运行机理，有效分析和捕捉影响证券市场波动的本质因素，并对复杂的证券市场运行过程进行合理建模，以洞悉复杂且动态变化的市场运行全貌，是资本市场波动风险研究面临的一个巨大挑战，其对政策制定者、上市公司，及所有市场参与者而言都至关重要。本书立足于现代金融学的理论框架，开展基于媒体关联的证券市场动量溢出效应研究，旨在更加细致地探究和量化基于媒体关联的企业关联关系对资产波动的影响作用。本书实现了实证资产定价研究与深度学习技术在金融中应用的深度结合，具有理论拓展意义和实践创新意义。本章将从整体上对本书的研究内容及研究成果进行系统的梳理、回顾与总结；对研究过程中遇到的问题及本书存在的不足进行深入的分析与反思；对实证资产定价研究与智能计算模型在金融中应用的关系、变革和未来创新进行开放性的探讨；在此基础上，对未来的研究工作进行展望。

7.1　研究总结

认知影响市场波动的本质因素，厘清证券市场微观结构和内在运行机理，是金融学研究一直以来致力于阐释的关键问题。现有金融学研究普遍从资产自身的视角出发，解释不同的风险因素如何影响一个企业的资本成本和预期收益率的问题，从而清晰地刻画了各类风险因素与资产价格或预期收益率之间的关系（Carhart，1997；Fama and French，1993，2015；Tetlock，2007）。然而，资本市场是一个涵盖多样资产和各类市场参与者的复杂且不断变化的综合系统。在这个市场中，各个企业之间因其内在价值的关联性、公司之间的合作与竞争、投资者对不同资产的认知和比较，以及市场监管部门的监管需求而产生不同类别的关联性，构成了一个复杂而动态变化的企业关联网络。在这个企业网络中，某一节点（企业）在市场运行过程中的变化，会对与之关联的企业产生不同程度的影响作用，忽视企业之间的关联关系对资产价格波动的影响作用无疑扭曲了对真实资产价格运行机理的认知与理解。值得庆幸的是，近十几年来，越来越多的金融学研究成果指出，企业之间的关联关系是影响资产价格波动的重要因素。金融学最新的研究成果表明，基于有限注意力假设，市场参与者具有有限注意力，会导致具有关联关系的企业资产收益率之间呈现动量溢出效应（Ali and Hirshleifer，2020；Lee, et al.，2019；Parsons, et al.，2020）。

尽管最新的金融学研究都证明了企业之间的某种关联关系对资产价格波动具有重要的影响作用，却没有证据能够阐明企业之间的哪一种关联关系是影响资产价格波动最为有效的主导因素。究其原因，主要是由证券市场本身的复杂特性决定的。事实上，证券市场是一个随时间发展而动态演进和连续变化的复杂系统，上市公司或其证券资产之间具有复杂、多样、随时间和市场运行状态变化而动态变化的关联特性（Hochberg, et al.，2007）。纵使企业之间的某种关联关系在某一时期对资产价格波动具有显著的影响，这种关联关系及其影响作用也可能随着市场的动态发展和新信息的产生而改变。如何有效捕捉企业之间的各种关联关系在不同市场运行状态下对企业资产价格波动的动态影响和综合作用，特别是实时且动态地捕捉基于多种企业关联的综合动量溢出效应，是金融资产定价领域亟待研究的一个难题，其对深入理解证券市场微观结构及其内在运行机理具有重要作用。

基于此，本书对中国证券市场中上市企业之间的关联关系及其证券资产之间的动量溢出效应展开研究，旨在解决如下三个问题：第一，能否找到一种合理的企业关联关系，使其既能概括地表征中国上市企业之间的各类基本面关联关系，又能反映有限理性市场参与者的认知偏差和有限注意力等非理性因素引发的非基本面关联。第二，如果得以找到这种企业关联关系，如何构建基于此关系的企业关系代理变量，从而科学地表征企业之间关联状态，并进一步验证基于该企业关系代理变量的动量溢出效应的存在性、有效性和稳健性；特别地，如何证明基于该关联的动量溢出效应相较于现有的企业关联引起的动量溢出效应而言更加有效。第三，考虑到引起动量溢出效应的企业关联关系会随着市场的运行和发展而动态变化，不同市场运行时期，企业之间各种关联关系的重要程度和影响力不同，如何将企业之间的多种关系进行融合，捕捉企业之间的各种关联关系在不同市场运行状态下对企业资产价格波动的动态影响和综合作用，特别是实时且动态地捕捉基于多种企业关联的综合动量溢出效应。为了解决上述研究问题，本书将实证资产定价研究与深度学习技术在金融中应用展开深度结合，构建了一套完整的研究系统，主要结论和研究成果如下文所述：

第一，本书论证了中国证券市场存在基于媒体关联的动量溢出效应。以行为金融学的有限注意力假设和证券市场媒体效应研究的理论与实证成果为研究基石，本书创新性地提出基于媒体关联建立企业关联关系的思想，论证了中国证券市场中基于媒体关联的动量溢出效应的存在性、有效性和稳健性，为实证资产定价研究的发展提供了中国证券市场的证据。

第二，本书从大数据视角出发，论证了中国证券市场基于媒体关联的动量溢出效应在市场不同运行时期和运行状态下的存在性、合理性和稳健性。本书指出，基于媒体新闻共同报道构建的企业关联关系既能反映企业之间的基本面关联，又能捕捉企业之间除基本面关联之外可能存在的受行为因素影响的其他关联关系。相较于现有研究捕捉的企业关联关系，本书构建的基于媒体关联的企业关系无论是在实证资产定价检验，还是基于深度学习模型预测结果中，都具有很好的表现。

第三，导致动量溢出效应的企业关联关系是复杂多变的，即多种不同的企业关联关系相互共存，依据市场运行态势动态地调节其对动量溢出效应的影响程度。为了克服传统计量方法无法有效捕捉基于复杂关系的动态传导作用的局限性，本书创新性地提出了一个面向动量溢出效应的自适应动态图神经网络算法，更细致地刻画动量在企业之间的转移和汇集作用，为探究动量溢出效应对证券市场波动风险的影响提供了一个基于智能计算的研究思路。

第四，证券市场是一个复杂的动态系统，其波动受到各种因素的共同影响。现有的研究普遍从资产自身的视角出发，解释不同的风险因素如何影响一个企业的资产波动问题，而没有考虑各种引起市场波动的因素的交互作用对资产价格波动的影响作用。本书从"融合"的视角出发，基于近代金融学理论成果，创新性地提出面向证券市场动量溢出效应的大数据风险分析框架，将影响证券市场波动的各类因素放入统一的分析框架，来探究各类异构市场信息对市场波动的合力影响，以更细致且精准地捕捉动量溢出效应对证券市场波动的影响作用，并根据该框架展开基于动量溢出效应的深度学习量化交易策略研究，从而进一步逼近真实的市场波动。该框架实现了对复杂的证券市场运行过程的合理建模，有助于洞悉复杂且动态变化的市场运行全貌，从而为政策制定者、上市公司及所有市场参与者提供理论参考和决策支持。对投资者而言，本书提出的基于媒体关联的动量溢出效应及智能交易策略，可以为投资决策的制定提供启发；对市场监管者而言，本书提出的面向动量溢出效应的多源异构市场信息融合深度学习风险分析框架使得资本市场局部和整体波动风险分析有据可依，有助于实时监控市场运行状况，从而达到防范系统性风险的目的；对上司公司而言，基于本书的结论，一方面，敏锐地关注与自身相关联的企业的运行状态是风险防控的关键，另一方面，由于存在基于媒体关联的动量溢出效应，企业需要注意自身媒体形象管理，谨防无妄之灾的发生。

7.2　研究不足

本书是国际上率先探究基于媒体关联的企业关联关系对证券市场波动影响的研究之一。实际上，笔者从 2017 年年底便开始研究基于媒体关联的企业关联关系对证券市场波动的影响作用，通过不断摸索和思考，率先提出基于媒体关联捕捉企业关联关系的思想，并构建了基于媒体关联的企业关系网络，以探究企业之间的关联关系。于随后的 2019 年，笔者又从定量的角度，构建了能够有效衡量企业关联关系影响程度的基于媒体关联的企业关系代理变量，发现基于媒体新闻共同报道关联起来的企业资产收益率之间具有相互影响作用，取得了阶段性的研究成果。

然而，在早期研究过程中，一方面由于没能在国内外研究文献中找到相关研究，对笔者构建的基于媒体关联的企业关系代理变量及相关研究思路的合理性予以支撑；另一方面，囿于技术手段和自身学术水平，笔者在下一阶段研究工作的推进中面临难题。直至 2020 年年初，行为金融学领域著名教授 Hirshleifer 与其合作者在金融学期刊 *Journal of Financial Economics* 上发表文章，通过分析师共同提及（shared analyst coverage）关系将上市公司关联起来，指出企业之间依据是否被分析师共同提及而建立的关联关系对其资产收益率的波动具有显著的领先滞后影响作用，并将相关企业资产收益率之间的这种领先滞后效应称为动量溢出效应（Momentum Spillover Effects）。这无疑为本书的推进做出了重要指导和引领。事实上，本书构建的基于媒体关联的企业关联关系代理变量与 Ali and Hirshleifer（2020）构建的基于分析师共同提及的企业关联关系代理变量在方法学上具有互通性和可比性，这也佐证了本书思路和方法的合理性与可行性。本书遂面向中国证券市场，将实证资产定价研究与深度学习技术在金融中应用深度结合，对基于媒体关联的动量溢出效应研究展开细致的探讨。

本书从大数据的视角，通过定量化分析，论证了中国证券市场存在基于媒体关联的动量溢出效应。更进一步地，在验证了基于媒体关联的动量溢出效应在市场不同运行时期的存在性、有效性和稳健性的基础上，考虑到资本市场的复杂动态性，为了克服传统计量方法无法有效捕捉基于复杂关系的动态传导和溢出作用的局限性，本书创新性地提出了一个面向动量溢出效应的自适应动态图神经网络算法，以细致地刻画动量在企业之间的转移和汇集作用，从而为探究动量溢出效应对证券市场波动风险的影响提供了一个基于智能计算的研究思路。事实上，证券市场是一个复杂的动态系统，其波动受到各种因素的共同影响。考虑到证券市场的复杂动态特性，为了更细致且精准地捕捉动量溢出效应对证券市场波动的影响作用，本书创新性地提出了一个基于融合思想的智能计算大数据风险分析框架，以揭示多源异构（标量、向量、图结构）的市场信息对复杂的经济系统的综合动态影响，旨在为证券市场波动风险分析这个金融学经典命题探寻一个新的智能计算解决方案，促进学科研究范式的创新。

在取得上述创新性研究成果的基础上，笔者也深刻地认识到本书尚存在的不足，主要表现为以下三个方面：

第一，本书面向中国证券市场，论证了中国证券市场中基于媒体关联的动量溢出效应的存在性、有效性和稳健性。但是，本书尚未对基于媒体关联的动量溢出效应在国际上其他的资本市场中的表现展开探究。事实上，发达国家资本市场与发展中国家资本市场在市场状况、机制设置和市场参与者等各方面都存在明显差异。例如，中美证券市场仅就市场运行机制而言便存在明显差异，美国证券市场存在做市商（market maker），而中国证券市场没有做市商。因此，亟待对世界资产市场中基于媒体关联的动量溢出效应的存在性和有效性展开研究。

第二，本书构建了基于媒体关联的企业关联关系网络，清晰地捕捉了关联企业两两之间的关联关系及关联程度，并论证了不同市场运行时期，企业之间基于媒体关联的相关关系对其资产收益率波动的影响程度和影响作用。但是，本书尚未对关联资产投资组合风险溢价问题展开分析。事实上，明确了不同市场运行时期，每个企业的关联企业及其之间关联关系对资产价格波动的影响作用，无疑对开展关联资产投资组合风险溢价分析具有重要推动作用，本书将在下一阶段对关联资产投资组合构建及投资收益分析等问题展开研究。

第三，资本市场是一个复杂的动态系统，其波动是各种因素相互交融、共同作用的合力结果。本书从"融合"的视角出发，基于近代金融学理论成果，创新性地提出了一个面向证券市场动量溢出效应的大数据风险分析框架，将影响证券市场波动的各类因素放入统一的分析框架，并聚焦于多源异构市场信息融合后的新特性，探究各类异构市场信息对市场波动的合力影响，旨在更细致且精准地捕捉动量溢出效应对证券市场波动的影响作用。令人兴奋的是，基于本书构建的融合框架，本书有效捕捉了多源异构的市场信息之间的交互作用，并将模型学习到的市场运行机制可视化表示出来（见本书5.4.3和6.4.3）。然而，如何以金融学理论基础为基石，以经济运行状况和金融现象为出发点，构建适用于金融学问题本身的智能计算模型，以揭示复杂经济系统的运行机制和内在机理，是亟待深入思考的难题，这对促进金融学相关研究，推动人们对复杂经济系统的深入认知具有重要意义（Gu, et al., 2020），这也是本书未来致力于探索的方向。

7.3 未来展望

资本市场波动风险分析是金融学研究领域中一个经久不衰的主题。传统的金融研究一直致力于"解构"市场波动的内在机理，由导致市场波动的原因出发，从市场运行环境、宏微观经济指标、政策变化、公司治理、投资者非理性情绪等多个视角，逐一探寻不同因素对证券市场波动的影响作用。然而，资本市场是一个复杂的动态系统，其波动一定是各种因素相互交融、共同作用的合力结果。传统的金融实证研究方法旨在"解构"引起市场波动的原因，孤立地探究不同的市场因素对市场波动的影响，而忽略了各类引起证券市场波动的因素之间的交互特征和合力作用。事实上，囿于维度限制和线性模型，传统的金融计量方法无法有效捕捉引起市场波动的各类因素之间的交互作用对市场波动产生的共同影响，从而难以捕捉市场运行过程的全貌。这是"解构"思维的缺陷，也直接构成了证券市场波动研究的重大瓶颈。

事实上，Farmer教授等早在2009年就于《自然》期刊发表文章，明确地指出智能计算模型在金融风险分析中扮演着重要角色，其表明，"在高科技时代，应用复杂的量化智能计算模型分析金融市场波动风险是解决现行政策制定困境的期望所在"（Farmer and Foley, 2009）。伴随大数据和人工智能的发展，应用量化智能计算模型分析金融市场波动的相关研究取得了突破性的进展（Feng, et al., 2019；Li, et al., 2020a；Wang, et al., 2019；Zheng, et al., 2020），这使得从微观视角捕捉证券市场的整体或局部波动风险成为可能。

随着人工智能和信息技术在众多领域取得实质性的研究成果，传统金融学研究领域已然开始求变。近年来，越来越多的研究开始应用机器学习等智能计算技术探究金融资产定价研究的经典问题，并在金融学期刊发表（Calomiris and Mamaysky, 2019；Gu, et al., 2020；Mullainathan and Spiess, 2017）。其中，Gu, et al.（2020）在金融学期刊 *Review of Financial Studies* 上发表文章，探究机器学习算法在资产风险溢价测度这一资产定价研究经典命题中的表现。该研究详细地对比论证了使用传统计量回归模型和机器学习模型预测投资组合收益的效果，并表明运用机器学习方法进行投资组合预测获取的收益是传统回归模型的两倍，这标志着应用智能计算模型解决金融学经典命题的可行性和有效性。

值得注意的是，资本市场是一个复杂的动态系统，其波动受到各种因素的共同影响。近代金融学理论研究成果表明，资产的波动是宏微观经济指标、媒体文本信息和企业关联关系三大类市场因素交互作用和共同影响的结果。然而，迄今为止，还没有一个智能计算框架能够将影响市场波动的各类异构（标量、向量、图结构）的因素融合在一起，分析其合力对市场波动的影响。要想捕捉市场波动的本质，就要综合地考虑这三类因素对市场波动的合力作用。因此，在论证了基于媒体关联的动量溢出效应对市场波动的影响作用的基础上，考虑到资本市场的复杂动态性，本书从"融合"的视角出发，基于近代金融学理论成果，创新性地提出了一个面向证券市场动量溢出效应的大数据风险分析框架，在提取各类异构市场特征的基础上，将影响市场波动的各类因素放入统一的分析框架，并聚焦于多源异构市场信息融合后的新特性，探究各类异构市场信息对市场波动的合力影响，旨在更细致且精准地捕捉动量溢出效应对证券市场波动的影响作用，并根据该框架展开基于动量溢出效应的深度学习量化交易策略研究，从而进一步逼近真实的市场波动。

事实上，传统的金融学研究从"解构"的视角出发，通过逐一探索不同的风险因素对市场波动的影响作用，清晰地刻画了各类风险因素与资本成本和预期收益率之间的关系。计算智能研究领域则从"融合"的视角，基于金融学理论研究成果，运用智能计算模型探寻各类影响因素对市场波动的综合作用。只有加强两个学科之间的深度融合，始终从金融问题的本质出发，以金融学理论成果为基石，构建适用于金融学问题本身的智能计算技术，并辅之以解决问题的手段，才能真正地推动该领域取得突破性的发展和长足的进步。

展望未来，本书将立足于现代金融学理论框架，在现阶段取得的研究成果的基础上，致力于推动实证资产定价研究与智能计算技术在金融中应用的深度结合，为证券市场波动风险分析这个金融学经典命题探寻一个新的智能计算解决方案，并促进学科研究范式的创新，通过对复杂的市场运行过程进行合理建模，尽可能地洞悉复杂且动态变化的市场运行全貌，从而为真正理解我国证券市场微观结构和内在运行机理，为有效分析和捕捉影响证券市场波动的本质因素提供解决方案。

参考文献

[1] 徐高. 金融经济学二十五讲 [M]. 北京：中国人民大学出版社, 2018.

[2] 李广子, 唐国正, 刘力. 股票名称与股票价格非理性联动：中国A股市场的研究 [J]. 管理世界, 2011 (1)：40-51.

[3] 赵静梅, 吴风云. 数字崇拜下的金融资产价格异象 [J]. 经济研究, 2009 (6)：129-141.

[4] 申宇, 赵静梅, 何欣. 校友关系网络, 基金投资业绩与"小圈子"效应 [J]. 经济学（季刊）, 2016, 15 (59)：407-432.

[5] 许年行, 洪涛, 吴世农. 信息传递模式、投资者心理偏差与股价"同涨同跌"现象 [J]. 经济研究, 2011 (4)：136-147.

[6] 张兵, 范致镇, 李心丹. 中美股票市场的联动性研究 [J]. 经济研究, 2010 (11)：143-153.

[7] AHERN K R, HARFORD J. The importance of industry links in merger waves [J]. Journal of Finance, 2014, 69 (2)：527-576.

[8] AKITA R, YOSHIHARA A, MATSUBARA T, et al. Deep learning for stock prediction using numerical and textual information [C]. In Proceedings of the 15th International Conference on Computer and Information Science (ICIS) (IEEE), 2016.

[9] ALANYALI M, MOAT H S, PREIS T. Quantifying the relationship

between financial news and the stock market [J]. Scientific Reports, 2013, 3 (1): 1-6.

[10] ALBUQUERQUE R, VEGA C. Economic news and international stock market co-movement [J]. Review of Finance, 2009, 13 (3): 401-465.

[11] ALI U, HIRSHLEIFER D. Shared analyst coverage: Unifying momentum spillover effects [J]. Journal of Financial Economics, 2020, 136 (3): 649-675.

[12] ALTER A L, OPPENHEIMER D M. Predicting short-term stock fluctuations by using processing fluency [C]. In Proceedings of the National Academy of Sciences, 2006, 103 (24): 9369-9372.

[13] ANTON M, POLK C. Connected stocks [J]. Journal of Finance, 2014, 69 (3): 1099-1127.

[14] ANTWEILER W, FRANK M Z. Is all that talk just noise? The information content of internet stock message boards [J]. Journal of Finance, 2004, 59 (3): 1259-1294.

[15] BAKER M, BRADLEY B, WURGLER J. Benchmarks as limits to arbitrage: Understanding the low-volatility anomaly [J]. Financial Analysts Journal, 2011, 67 (1): 40-54.

[16] BAKER M, WURGLER J. Investor sentiment in the stock market [J]. Journal of Economic Perspectives, 2007, 21 (2): 129-152.

[17] BANZ R W. The relationship between return and market value of common stocks [J]. Journal of Financial Economics, 1981, 9 (1): 3-18.

[18] BARBER B M, ODEAN T. Trading is hazardous to your wealth: The common stock investment performance of individual investors [J]. Journal of Finance, 2000, 55 (2): 773-806.

[19] BARBERIS N, HUANG M, SANTOS T. Prospect theory and asset prices [J]. Quarterly Journal of Economics, 2001, 116 (1): 1-53.

[20] BARBERIS N, SHLEIFER A. Style investing [J]. Journal of Finan-

cial Economics, 2003, 68 (2): 161-199.

[21] BARBERIS N, SHLEIFER A, WURGLER J. Comovement [J]. Journal of Financial Economics, 2005, 75 (2): 283-317.

[22] BARBERIS N, THALER R. A behavioral approach to asset pricing [J]. Handbook of the Economics of Finance, Elsevier, 2003.

[23] BERNARD V L, THOMAS J K. Post-earnings-announcement drift: Delayed price response or risk premium? [J]. Journal of Accounting Research, 1989, 27: 1-36.

[24] BERNARD V L, THOMAS J K. Evidence that stock prices do not fully reflect the implications of current earnings for future earnings [J]. Journal of Accounting Economics, 1990, 13 (4): 305-340.

[25] BIRZ G, LOTT JR J R. The effect of macroeconomic news on stock returns: New evidence from newspaper coverage [J]. Journal of Banking and Finance, 2011, 35 (11): 2791-2800.

[26] BLACK F, SCHOLES M. The pricing of options and corporate liabilities [J]. Journal of Political Economy, 1973, 81 (3): 637-654.

[27] BOLLEN J, MAO H, ZENG X. Twitter mood predicts the stock market [J]. Journal of Computational Science, 2011, 2 (1): 1-8.

[28] BOYER B H. Style-related comovement: Fundamentals or labels? [J]. Journal of Finance, 2011, 66 (1): 307-332.

[29] BREEDEN D T. An intertemporal asset pricing model with stochastic consumption and investment opportunities [J]. Journal of Financial Economics, 1979, 7: 265-296.

[30] BREEDEN D T, GIBBONS M R, LITZENBERGER R H. Empirical tests of the consumption-oriented capm [J]. Journal of Finance, 1989, 44 (2): 231-262.

[31] BRENNAN M J, CHORDIA T, SUBRAHMANYAM A. Alternative factor specifications, security characteristics, and the cross-section of expected

stock returns [J]. Journal of Financial Economics, 1998, 49 (3): 345-373.

[32] BRENNAN M J, JEGADEESH N, SWAMINATHAN B. Investment analysis and the adjustment of stock prices to common information [J]. Review of Financial Studies, 1993, 6 (4): 799-824.

[33] BRIN S, MOTWANI R, PAGE L, et al. What can you do with a web in your pocket? [J]. IEEE Data Engineering Bulletin, 1998, 21 (2): 37-47.

[34] CALOMIRIS C W, MAMAYSKY H. How news and its context drive risk and returns around the world [J]. Journal of Financial Economics, 2019, 133 (2): 299-336.

[35] CAO S, LU W, XU Q. Deep neural networks for learning graph representations [C]. In Proceedings of the 30th AAAI Conference on Artificial Intelligence, 2016.

[36] CARHART M M. On persistence in mutual fund performance [J]. Journal of Finance, 1997, 52 (1): 57-82.

[37] CHAN L K, JEGADEESH N, LAKONISHOK J. Momentum strategies [J]. Journal of Finance, 1996, 51 (5): 1681-1713.

[38] CHAN W S. Stock price reaction to news and no-news: Drift and reversal after headlines [J]. Journal of Financial Economics, 2003, 70 (2): 223-260.

[39] CHEN H, DE P, HU Y J, et al. Wisdom of crowds: The value of stock opinions transmitted through social media [J]. Review of Financial Studies, 2014, 27 (5): 1367-1403.

[40] CHEN Y, WEI Z, HUANG X. Incorporating corporation relationship via graph convolutional neural networks for stock price prediction [C]. In Proceedings of the 27th ACM International Conference on Information and Knowledge Management, 2018.

[41] CHOPRA N, LAKONISHOK J, RITTER J R. Measuring abnormal performance: Do stocks overreact? [J]. Journal of Financial Economics, 1992,

31 (2): 235-268.

[42] CHOURMOUZIADIS K, CHATZOGLOU P D. An intelligent short term stock trading fuzzy system for assisting investors in portfolio management [J]. Expert Systems with Applications, 2016, 43, 298-311.

[43] CLAESSENS S, YAFEH Y. Comovement of newly added stocks with national market indices: Evidence from around the world [J]. Review of Finance, 2013, 17 (1): 203-227.

[44] COHEN L, FRAZZINI A. Economic links and predictable returns [J]. Journal of Finance, 2008, 63 (4): 1977-2011.

[45] COOPER M J, DIMITROV O, RAU P R. A rose. Com by any other name [J]. Journal of Finance, 2001, 56 (6): 2371-2388.

[46] CUTLER D M, POTERBA J M, SUMMERS L H. What moves stock prices? [J]. Journal of Portfolio Management, 1989, 15 (3): 4-12.

[47] DANIEL K, HIRSHLEIFER D, SUBRAHMANYAM A. Investor psychology and security market under-and overreactions [J]. Journal of Finance, 1998, 53 (6): 1839-1885.

[48] DAS S R, CHEN M Y. Yahoo! For amazon: Sentiment extraction from small talk on the web [J]. Management Science, 2007, 53 (9): 1375-1388.

[49] DE BONDT W F, THALER R. Does the stock market overreact? [J]. Journal of Finance, 1985, 40 (3): 793-805.

[50] DE BONDT W F, THALER R H. Do security analysts overreact? [J]. American Economic Review, 1990: 52-57.

[51] DE LONG J B, SHLEIFER A, SUMMERS L H, et al. Noise trader risk in financial markets [J]. Journal of Political Economy, 1990, 98 (4): 703-738.

[52] DELLAVIGNA S, POLLET J M. Demographics and industry returns [J]. American Economic Review, 2007, 97 (5): 1667-1702.

[53] DESSAINT O, MATRAY A. Do managers overreact to salient risks? Evidence from hurricane strikes [J]. Journal of Financial Economics, 2017, 126 (1): 97-121.

[54] DING X, ZHANG Y, LIU T, et al. Using structured events to predict stock price movement: An empirical investigation [C]. In Proceedings of the 2014 Conference on Empirical Methods in Natural Language Processing (EMNLP), 2014.

[55] DING X, ZHANG Y, LIU T, et al. Deep learning for event-driven stock prediction [C]. In Proceedings of the 24th International Joint Conference on Artificial Intelligence, 2015.

[56] DUAN J, ZHANG Y, DING X, et al. Learning target-specific representations of financial news documents for cumulative abnormal return prediction [C]. In Proceedings of the 27th International Conference on Computational Linguistics, 2018.

[57] DUTT P, MIHOV I. Stock market comovements and industrial structure [J]. Journal of Money, Credit and Banking, 2013, 45 (5): 891-911.

[58] ENGELBERG J E, PARSONS C A. The causal impact of media in financial markets [J]. Journal of Finance, 2011, 66 (1): 67-97.

[59] EYSTER E, RABIN M, VAYANOS D. Financial markets where traders neglect the informational content of prices [J]. Journal of Finance, 2019, 74 (1): 371-399.

[60] FAMA E F. The behavior of stock-market prices [J]. Journal of Business, 1965, 38 (1): 34-105.

[61] FAMA E F, FISHER L, JENSEN M C, et al. The adjustment of stock prices to new information [J]. International Economic Review, 1969, 10 (1): 1-21.

[62] FAMA E F, FRENCH K R. Common risk factors in the returns on stocks and bonds [J]. Journal of Financial Economics, 1993, 33 (1): 3-56.

[63] FAMA E F, FRENCH K R. A five-factor asset pricing model [J]. Journal of Financial Economics, 2015, 116 (1): 1-22.

[64] FANG L, PERESS J. Media coverage and the cross-section of stock returns [J]. Journal of Finance, 2009, 64 (5): 2023-2052.

[65] FARMER J D, FOLEY D. The economy needs agent-based modelling [J]. Nature, 2009, 460 (7256): 685-686.

[66] FENG F, HE X, WANG X, et al. Temporal relational ranking for stock prediction [J]. ACM Transactions on Information Systems (TOIS), 2019, 37 (2): 1-30.

[67] FRANCIS J, SCHIPPER K, VINCENT L. Expanded disclosures and the increased usefulness of earnings announcements [J]. Accounting Review, 2002, 77 (3): 515-546.

[68] GARCIA D. Sentiment during recessions [J]. Journal of Finance, 2013, 68 (3): 1267-1300.

[69] GLOROT X, BENGIO Y. Understanding the difficulty of training deep feedforward neural networks [J]. In Proceedings of the 13th International Conference on Artificial Intelligence and Statistics (JMLR Workshop and Conference Proceedings), 2010.

[70] GOONATILAKE R, HERATH S. The volatility of the stock market and news [J]. International Research Journal of Finance Economics, 2007, 3 (11): 53-65.

[71] GREEN T C, JAME R. Company name fluency, investor recognition, and firm value [J]. Journal of Financial Economics, 2013, 109 (3): 813-834.

[72] GREENWOOD R. Excess comovement of stock returns: Evidence from cross-sectional variation in nikkei 225 weights [C]. Review of Financial Studies, 2008, 21 (3): 1153-1186.

[73] GRIFFIN J M, HIRSCHEY N H, KELLY P J. How important is the

financial media in global markets? [J]. Review of Financial Studies, 2011, 24 (12): 3941-3992.

[74] GRINBLATT M, KELOHARJU M. Sensation seeking, overconfidence, and trading activity [J]. Journal of Finance, 2009, 64 (2): 549-578.

[75] GU S, KELLY B, XIU D. Empirical asset pricing via machine learning [J]. Review of Financial Studies, 2020, 33 (5): 2223-2273.

[76] HAGENAU M, LIEBMANN M, NEUMANN D. Automated news reading: Stock price prediction based on financial news using context-capturing features [J]. Decision Support Systems, 2013, 55 (3): 685-697.

[77] HEAD A, SMITH G, WILSON J. Would a stock by any other ticker smell as sweet? [J]. Quarterly Review of Economics Finance, 2009, 49 (2): 551-561.

[78] HEALY P M, PALEPU K G. Information asymmetry, corporate disclosure, and the capital markets: A review of the empirical disclosure literature [J]. Journal of Accounting Economics, 2001, 31 (1-3): 405-440.

[79] HIRSHLEIFER D. Investor psychology and asset pricing [J]. Journal of Finance, 2001, 56 (4): 1533-1597.

[80] HIRSHLEIFER D, JIAN M, ZHANG H. Superstition and financial decision making [J]. Management Science, 2018, 64 (1): 235-252.

[81] HIRSHLEIFER D, LIM S S, TEOH S H. Driven to distraction: Extraneous events and underreaction to earnings news [J]. Journal of Finance, 2009, 64 (5): 2289-2325.

[82] HIRSHLEIFER D, LIM S S, TEOH S H. Limited investor attention and stock market misreactions to accounting information [J]. Review of Asset Pricing Studies, 2011, 1 (1): 35-73.

[83] HIRSHLEIFER D, TEOH S H. Limited attention, information disclosure, and financial reporting [J]. Journal of Accounting Economics, 2003, 36 (1-3): 337-386.

[84] HOCHBERG Y V, LJUNGQVIST A, LU Y. Whom you know matters: Venture capital networks and investment performance [J]. Journal of Finance, 2007, 62 (1): 251-301.

[85] HUANG Y, HUANG K, WANG Y, et al. Exploiting twitter moods to boost financial trend prediction based on deep network models [C]. In Proceedings of the International Conference on Intelligent Computing (Springer), 2016.

[86] HUBERMAN G, REGEV T. Contagious speculation and a cure for cancer: A nonevent that made stock prices soar [J]. Journal of Finance, 2001, 56 (1): 387-396.

[87] HUTTON A P, MARCUS A J, TEHRANIAN H. Opaque financial reports, r2, and crash risk [J]. Journal of Financial Economics, 2009, 94 (1): 67-86.

[88] JIN L, MYERS S C. R2 around the world: New theory and new tests [J]. Journal of Financial Economics, 2006, 79 (2): 257-292.

[89] KAHNEMAN D, TVERSKY A. Prospect theory: An analysis of decision under risk [J]. Econometrica, 1979, 47 (2): 263-292.

[90] KEYNES J M. The general theory of employment [J]. Quarterly Journal of Economics, 1937, 51 (2): 209-223.

[91] KING B F. Market and industry factors in stock price behavior [J]. Journal of Business, 1966, 39 (1): 139-190.

[92] KINGMA D P, BA J. Adam: A method for stochastic optimization [C]. In Proceedings of the 3rd International Conference on Learning Representations (ICLR), 2015.

[93] KOLDA T G, BADER B W. Tensor decompositions and applications [J]. SIAM Review, 2009, 51 (3): 455-500.

[94] KUMAR A, LEE C M. Retail investor sentiment and return comovements [J]. Journal of Finance, 2006, 61 (5): 2451-2486.

[95] KUMAR A, PAGE J K, SPALT O G. Investor sentiment and return

comovements: Evidence from stock splits and headquarters changes [J]. Review of Finance, 2013, 17 (3): 921-953.

[96] LEE C M, SUN S T, WANG R, et al. Technological links and predictable returns [J]. Journal of Financial Economics, 2019, 132 (3): 76-96.

[97] LEE P M. What's in a name. Com?: The effects of '.Com' name changes on stock prices and trading activity [J]. Strategic Management Journal, 2001, 22 (8): 793-804.

[98] LI Q, CHEN Y, JIANG L L, et al. A tensor-based information framework for predicting the stock market [J]. ACM Transactions on Information Systems (TOIS), 2016a, 34 (2): 1-30.

[99] LI Q, CHEN Y, WANG J, et al. Web media and stock markets: A survey and future directions from a big data perspective [J]. IEEE Transactions on Knowledge Data Engineering (TKDE), 2018, 30 (2): 381-399.

[100] LI Q, TAN J, WANG J, et al. A multimodal event-driven lstm model for stock prediction using online news [J]. IEEE Transactions on Knowledge Data Engineering (TKDE), 2021, 33 (10): 3323-3337.

[101] LI Q, WANG J, CHEN Y P, et al. User comments for news recommendation in forum-based social media [J]. Information Sciences, 2010, 180 (24): 4929-4939.

[102] LI Q, WANG T, GONG Q, et al. Media-aware quantitative trading based on public web information [J]. Decision Support Systems, 2014a, 61: 93-105.

[103] LI Q, WANG T, LI P, et al. The effect of news and public mood on stock movements [J]. Information Sciences, 2014b, 278: 826-840.

[104] LI W, BAO R, HARIMOTO K, et al. Modeling the stock relation with graph network for overnight stock movement prediction [C]. In Proceedings of the International Joint Conference on Artificial Intelligence (IJCAI), 2020b.

[105] LI Y, TARLOW D, BROCKSCHMIDT M, et al. Gated graph se-

quence neural networks [C]. In Proceedings of the International Conference on Learning Representations (ICLR), 2016b.

[106] LINTNER J. Security prices, risk, and maximal gains from diversification [J]. Journal of Finance, 1965, 20 (4): 587-615.

[107] LIU L, WU J, LI P, et al. A social-media-based approach to predicting stock comovement [J]. Expert Systems with Applications, 2015, 42 (8): 3893-3901.

[108] LOUGHRAN T, MCDONALD, B. When is a liability not a liability? Textual analysis, dictionaries, and 10-ks [J]. Journal of Finance, 2011, 66 (1): 35-65.

[109] LU X W, FUNG H G, SU Z Q. Information leakage, site visits, and crash risk: Evidence from china [J]. International Review of Economics Finance, 2018, 58: 487-507.

[110] LUCAS JR R E. Asset prices in an exchange economy [J]. Econometrica, 1978, 46: 1429-1445.

[111] MALKIEL B G, FAMA E F. Efficient capital markets: A review of theory and empirical work [J]. Journal of Finance, 1970, 25 (2): 383-417.

[112] MARKOWITZ H. Portfolio selection [J]. Journal of Finance, 1952, 7: 77-91.

[113] MENZLY L, OZBAS O. Market segmentation and cross-predictability of returns [J]. Journal of Finance, 2010, 65 (4): 1555-1580.

[114] MERTON R C. Theory of rational option pricing [J]. The Bell Journal of Economics Management Science, 1973, 4 (1): 141-183.

[115] MERTON R C. A simple model of capital market equilibrium with incomplete information [J]. Journal of Finance, 1987, 42 (3): 483-510.

[116] MITCHELL M L, MULHERIN J H. The impact of public information on the stock market [J]. Journal of Finance, 1994, 49 (3): 923-950.

[117] MITTERMAYER M A, KNOLMAYER G F. Newscats: A news categorization and trading system [C]. In Proceedings of the 6th International Conference on Data Mining (ICDM) (IEEE), 2006.

[118] MOAT H S, CURME C, AVAKIAN A, et al. Quantifying wikipedia usage patterns before stock market moves [J]. Scientific reports, 2013, 3 (1): 1-5.

[119] MODIGLIANI F, MILLER M H. The cost of capital, corporation finance and the theory of investment [J]. American Economic Review, 1958, 48 (3): 261-297.

[120] MORCK R, YEUNG B, YU W. The information content of stock markets: Why do emerging markets have synchronous stock price movements? [J]. Journal of Financial Economics, 2000, 58 (1-2): 215-260.

[121] MOSKOWITZ T J, GRINBLATT M. Do industries explain momentum? [J]. Journal of Finance, 1999, 54 (4): 1249-1290.

[122] MOSSIN J. Equilibrium in a capital asset market [J]. Econometrica, 1966, 34 (4): 768-783.

[123] MULLAINATHAN S, SPIESS J. Machine learning: An applied econometric approach [J]. Journal of Economic Perspectives, 2017, 31 (2): 87-106.

[124] NGUYEN T H, SHIRAI K, VELCIN J. Sentiment analysis on social media for stock movement prediction [J]. Expert Systems with Applications, 2015, 42 (24): 9603-9611.

[125] NIEDERHOFFER V. The analysis of world events and stock prices [J]. Journal of Business, 1971, 44 (2): 193-219.

[126] NIEPERT M, AHMED M, KUTZKOV K. Learning convolutional neural networks for graphs [C]. In Proceedings of the International Conference on Machine Learning (ICML) (PMLR), 2016.

[127] PARSONS C A, SABBATUCCI R, TITMAN S. Geographic lead-lag effects [J]. Review of Financial Studies, 2020, 33 (10): 4721-4770.

[128] PEDERSEN L H. When everyone runs for the exit [J]. National Bureau of Economic Research, 2009.

[129] PERESS J. The media and the diffusion of information in financial markets: Evidence from newspaper strikes [J]. Journal of Finance, 2014, 69 (5): 2007-2043.

[130] PINDYCK R S, ROTEMBERG J J. The comovement of stock prices [J]. Quarterly Journal of Economics, 1993, 108 (4): 1073-1104.

[131] PIRINSKY C, WANG Q. Does corporate headquarters location matter for stock returns? [J]. Journal of Finance, 2006, 61 (4): 1991-2015.

[132] PREIS T, MOAT H S, STANLEY H E. Quantifying trading behavior in financial markets using google trends [J]. Scientific reports, 2013, 3 (1): 1-6.

[133] RASHES M S. Massively confused investors making conspicuously ignorant choices (mci-mcic) [J]. Journal of Finance, 2001, 56 (5): 1911-1927.

[134] ROLL R. R-squared [J]. Journal of Finance, 1988, 43 (3): 541-566.

[135] ROSS S A. The arbitrage theory of capital asset pricing [J]. Journal of Economic Theory, 1976, 13 (3): 341-360.

[136] SAMUELSON P A. Proof that properly anticipated prices fluctuate randomly [J]. International Economic Review, 1965, 6 (2): 41-49.

[137] SCHUMAKER R P, CHEN H. Textual analysis of stock market prediction using breaking financial news: The azfin text system [J]. ACM Transactions on Information Systems (TOIS), 2009, 27 (2): 1-19.

[138] SHARPE W F. Capital asset prices: A theory of market equilibrium

under conditions of risk [J]. Journal of Finance, 1964, 19 (3): 425-442.

[139] SHEFRIN H. A behavioral approach to asset pricing [M]. Amsterdam: Elsevier Academic Press, 2008.

[140] SHILLER R J. Do stock prices move too much to be justified by subsequent changes in dividends? [J]. American Economic Review, 1981, 71 (3): 421-436.

[141] SHILLER R J. From efficient markets theory to behavioral finance [J]. Journal of Economic Perspectives, 2003, 17 (1): 83-104.

[142] SHLEIFER A, VISHNY R W. The limits of arbitrage [J]. Journal of Finance, 1997, 52 (1): 35-55.

[143] SHYNKEVICH Y, MCGINNITY T M, COLEMAN S A, et al. Forecasting movements of health-care stock prices based on different categories of news articles using multiple kernel learning [J]. Decision Support Systems, 2016, 85: 74-83.

[144] SUBRAHMANYAM A. Circuit breakers and market volatility: A theoretical perspective [J]. Journal of Finance, 1994, 49 (1): 237-254.

[145] TETLOCK P C. Giving content to investor sentiment: The role of media in the stock market [J]. Journal of Finance, 2007, 62 (3): 1139-1168.

[146] TETLOCK P C. Does public financial news resolve asymmetric information? [J]. Review of Financial Studies, 2010, 23 (9): 3520-3557.

[147] TETLOCK P C, SAAR-TSECHANSKY M, MACSKASSY S. More than words: Quantifying language to measure firms' fundamentals [J]. Journal of Finance, 2008, 63 (3): 1437-1467.

[148] THALER R H, JOHNSON E J. Gambling with the house money and trying to break even: The effects of prior outcomes on risky choice [J]. Management Science, 1990, 36 (6): 643-660.

[149] TVERSKY A, KAHNEMAN D. Advances in prospect theory: Cu-

mulative representation of uncertainty [J]. Journal of Risk Uncertainty, 1992, 5 (4): 297-323.

[150] VIJH A M. S&p 500 trading strategies and stock betas [J]. Review of Financial Studies, 1994, 7 (1): 215-251.

[151] WANG J, ZHANG Y, TANG K, et al. Alphastock: A buying-winners-and-selling-losers investment strategy using interpretable deep reinforcement attention networks [C]. In Proceedings of the 25th ACM SIGKDD International Conference on Knowledge Discovery & Data Mining, 2019.

[152] WEST K D. Dividend innovations and stock price volatility [J]. Econometrica: Journal of the Econometric Society, 1988, 56 (1): 37-61.

[153] WUTHRICH B, CHO V, LEUNG S, et al. Daily stock market forecast from textual web data [C]. In Proceedings of the IEEE International Conference on Systems, Man, and Cybernetics (IEEE), 1998.

[154] XING R, LI Q, ZHAO J, et al. Media-based corporate network and its effects on stock market [J]. Emerging Markets Finance Trade, 2019, 57 (2): 1-26.

[155] XIONG L, LU Y. Hybrid arima-bpnn model for time series prediction of the chinese stock market [C]. In Proceedings of the 3rd International Conference on Information Management (ICIM) (IEEE), 2017.

[156] XU S X, ZHANG X. Impact of wikipedia on market information environment: Evidence on management disclosure and investor reaction [J]. Mis Quarterly, 2013, 37 (4): 1043-1068.

[157] ZHANG G P. Time series forecasting using a hybrid arima and neural network model [J]. Neurocomputing, 2003, 50: 159-175.

[158] ZHANG L, AGGARWAL C, QI G J. Stock price prediction via discovering multi-frequency trading patterns [C]. In Proceedings of the 23rd ACM SIGKDD International Conference on Knowledge Discovery and Data Mining, 2017.

[159] ZHANG X F. Information uncertainty and stock returns [J]. Journal of Finance, 2006, 61 (1): 105-137.

[160] ZHELUDEV I, SMITH R, ASTE T. When can social media lead financial markets? [J]. Scientific Reports, 2014, 4 (1): 1-12.

[161] ZHENG Y, CHEN B, HOSPEDALES T M, et al. Index tracking with cardinality constraints: A stochastic neural networks approach [C]. In Proceedings of the 34th AAAI Conference on Artificial Intelligence, 2020.

附录

附录1　CSI 300 成分股被媒体新闻共同报道详情

股票代码	被媒体新闻共同报道的相关企业股票代码
000401	601992，600585
600376	601988，601169，600048，002146，000002
603993	601958
601168	601958，601988，000060，600362，600497，600549，601600，000878，603993，600259
600023	601888，601398
601117	601888，601398，600177，601899，600036，300024，601231，000333，000568，601988，002081，600362，600068，601377，601818，600867，601688，601225，600547，601018，000538，601006，600597，601727，601169，601800，600030，600108，600549，002385，600028，601901，601288，002310，601088，600352，601318，600115，601390，601600，601333，600060，002416，601328，002456，000651，600998，601992，600535，002415，002230，000157
601992	601888，601398，002202，601899，601601，002065，601988，601098，601818，600570，601688，601998，601006，601727，603000，600030，600028，601288，601088，002146，601318，600115，601600，601328，000039
601006	601888，601398，002202，600276，600036，601601，000333，000625，601988，601377，601818，601688，601998
600019	601888，600058，600188，600036，601601，300024，000625，601988，601377，601818，000778，601688，601998，002304，601006，601336，601169，603000，601800，600030，600050，600028，600048，601088，601318，601600，000002
600583	601808，000039，601857，000776
600048	601688，600030
600436	601607
601336	601601
600585	601601，600030，601318，601992，601628

(续)

股票代码	被媒体新闻共同报道的相关企业股票代码
600219	601600
600036	601398
600415	601398，601988
600783	601398，601988，000917，600030，601555，000728
601727	601398，601899，600188，600036，601601，300024，000333，600663，601988，600362，601818，601998
601958	601398，601899，600188，600036，000960
601390	601398，601899，600036，601601，601988，600362，601818，601998，601006，601727，601800，600030，600028，601288，601088，601318
601628	601398，601601，601988，601336，600030，601318
601688	601398，601377
600030	601398，601377，601688，601998
600170	601398，600663，601988，601727，600030，601288，601628
600867	601398，600276，600036，601377
601377	601398，600276，600036，600663，601988
000625	601398，600276，600036，300024，000333
600485	601398，600276，000333，000625，002065
600216	601398，600252，600276，300024
601225	601398，600188，601988，601377
601088	601398，600188，600036，601601，601988，601225，601006，600030，600028
000983	601398，600188，600036，000012，601988，601818，601225，600030，601288，601088
600398	601398，600177
600998	601398，600177，600036，601231，000333，000625，000568，002065，601988，601818，000538，601169，600030，600028，601901，601288，300015，600352，601318，600115，600887，601328，600660，000651
601018	601398，600177，600036，000333，601988，600068，601688，601998，000027
000568	601398，600177，000729，600036，000960，000625
601601	601398，600036
600663	601398，600036
601988	601398，600036
000061	601398，600036，601988
601818	601398，600036，601988

(续)

股票代码	被媒体新闻共同报道的相关企业股票代码
601288	601398, 600036, 601988, 601998
601998	601398, 600036, 601988, 601818
601169	601398, 600036, 601988, 601818, 601998
601328	601398, 600036, 601988, 601818, 601998, 601288
601166	601398, 600036, 601988, 601818, 601998, 601288, 601328, 600015
600000	601398, 600036, 601988, 601818, 601998, 601288, 601328, 600015, 601166, 601939
600016	601398, 600036, 601988, 601818, 601998, 601169, 601288, 601328, 600015, 601166, 601939, 600000
601009	601398, 600036, 601988, 601818, 601998, 601169, 601288, 002142, 601328, 600015, 601166
002142	601398, 600036, 601988, 601818, 601998, 601169, 600030, 601288
600015	601398, 600036, 601988, 601818, 601998, 601169, 600030, 601288, 601328
600050	601398, 600036, 601988, 601688, 601998, 600030
601939	601398, 600036, 601988, 601288, 601328
601668	601398, 600036, 601988, 002081, 603000, 601800, 600030, 600048, 601288, 002410, 601390, 600170
601618	601398, 600036, 601601, 601988, 601998, 601800, 600030, 600028, 601288, 601088, 601318, 601390, 601600, 601628, 601668, 601939, 601186
600028	601398, 600036, 601601, 601988, 601818, 601688, 601998, 600030, 601808
601318	601398, 600036, 601601, 601988, 601336, 600030
601800	601398, 600036, 601601, 601111, 601988, 600068, 601377, 601818, 601688, 601998, 601336, 601727
000402	601398, 600036, 600663, 601988, 601998, 600030, 600048, 601288, 600383
000961	601398, 600036, 300024, 601988, 000656, 002146, 000002, 600340, 601668, 000024
600718	601398, 600036, 002065, 601988, 600570, 601998, 000156, 002410, 601318, 601328, 601166, 000783, 600271, 002153, 000063
600271	601398, 600036, 000625, 002065, 601988, 601098, 600570, 601928, 000156, 603000, 600030, 600050, 600048, 601288, 601088, 600795, 000651, 601992, 002415, 000793, 601668, 300058, 600585
600096	601398, 600036, 000333, 000568, 601988, 601818, 601998, 601225, 000538, 601727, 601169, 600030, 600028, 601288, 600352, 601318, 002142, 601600, 000878, 601328, 000651, 601628, 600015, 601166, 601857, 601668, 600029, 601939, 600839, 601299
600795	601398, 600023, 600036, 601988, 601688, 000027, 600674, 600030, 600028, 601288, 601088, 600863

(续)

股票代码	被媒体新闻共同报道的相关企业股票代码
000027	601398, 600023, 600036, 000333, 000625, 601988, 601688, 601998
600340	601398, 300024, 601988, 601377, 600048, 600383, 002146, 000002, 600376
600066	601398, 300024, 000625, 600166, 601688, 300124, 601238, 600030, 600535, 600519, 000783, 000562, 600999, 000776
600143	601398, 002470, 002385, 601857, 000776
000157	601398, 002202, 601899, 600036, 300024, 000333, 000625, 601988, 600362, 601818, 601998, 601727, 600030, 600028, 601288, 601318, 601390, 601600, 601328, 000039, 000651
601158	601398, 002202, 600276, 600036, 601601, 000625, 601988, 601377, 601818
000898	601398, 002202, 600188, 600036, 601601, 601988, 000778, 600030, 601808, 600028, 601288, 601088, 601318, 601390, 000002, 600019, 601328, 000039, 601628, 601857, 600011, 000783, 600585, 600029, 601939, 601186, 000338, 601299, 000063, 000825, 600016
600089	601398, 002202, 600036, 601988, 000400, 601727, 600028, 601288, 601179, 601328, 000157, 601628, 601166, 601857, 601668, 000783, 601939, 601299, 000776
002081	601398, 002202, 600036, 300024, 601231, 000333, 000625, 000012, 002065
000729	601398, 002202, 600023
600674	601398, 002202, 600023, 600276, 600036, 002344, 300024, 601988, 600415, 601377, 601818, 002470, 601688
600068	601398, 002202, 600023, 600188, 600036, 300024, 000625, 600663, 601988, 600362
601231	601398, 002202, 000729, 600276, 600036, 300024
000825	601398, 002202, 000729, 600036, 000960, 000625, 000568, 601988, 002470, 000778, 601688, 601998, 000858, 601006, 601727, 600030, 002385, 601288, 601088, 002142, 601333, 600019, 000983, 002416, 000157, 000883, 000728, 000963, 601166, 600519, 002500, 600809, 000961, 000063
600600	601398, 000729, 601899, 600036, 601601, 000333, 000568, 601988, 601818, 601998, 000858, 000538, 601727, 600030, 600028, 601288, 601088, 601318, 601390, 601600, 600887, 601328, 000651, 601628, 601166, 600519, 601857, 600011, 600585, 601939, 601186, 601607, 000338, 601299, 000063, 600016, 000898, 601633, 002594, 601898
601139	601398, 000729, 600036, 000333, 601988, 601688, 000027, 600674, 002252, 600030, 601555, 600369, 002385, 600028, 600048, 000002, 000728, 601166, 601857, 002500, 601009
601186	601390
600009	601377, 601688, 601006, 603000, 600030, 601318, 600115, 600018, 600519, 601668, 601607, 600832

附录 185

（续）

股票代码	被媒体新闻共同报道的相关企业股票代码
601555	601377, 601688, 600030
600369	601377, 601688, 600030, 601555
601901	601377, 601688, 600030, 601555, 600369
000728	601377, 601688, 600030, 601555, 600369, 601901
000750	601377, 601688, 600030, 601555, 600369, 601901, 000728
002500	601377, 601688, 600030, 601555, 600369, 601901, 000728, 000750
000783	601377, 601688, 600030, 601555, 600369, 601901, 000728, 000750, 002500
000686	601377, 601688, 600030, 601555, 600369, 601901, 000728, 000750, 002500, 000783
000562	601377, 601688, 600030, 601555, 600369, 601901, 000728, 000750, 002500, 000783, 000686
002673	601377, 601688, 600030, 601555, 600369, 601901, 000728, 000750, 002500, 000783, 000686, 000562, 600999
000776	601377, 601688, 600030, 600369, 601901, 000783, 000562, 600999
600999	601377, 601688, 600030, 000783, 000562
002456	601231
600895	601231, 600663, 601688, 600030, 600018, 600783
002475	601231, 002456, 002008
000883	601225
603699	601225
600029	601111, 600115
601928	601098
601929	601098
002400	601098, 603000, 300027, 000793, 300058, 000783, 300251, 300133
603000	601098, 601928, 000156
300027	601098, 601928, 000156, 603000, 600030, 601318
600880	601098, 601928, 000156, 603000, 300027
000793	601098, 601928, 000156, 603000, 300027
300058	601098, 601928, 000156, 603000, 300027, 600887, 002415, 000793
600373	601098, 601928, 000156, 000917, 603000, 600030, 600880, 000793, 300058
000156	601098, 600570, 601929
000917	601098, 000156
601333	601006

(续)

股票代码	被媒体新闻共同报道的相关企业股票代码
601299	601006，601390，601186
601991	600795，600011
600027	600795，600011，601991，600900，600886
600886	600674，600795，600011，601991，600900
600832	600663，601098，000156，603000，300027，000793，300058，600373
600648	600663，600018
002570	600597，600887
000831	600549，601600
600259	600549，000831
601899	600489
600547	600489，601899
600660	600489，601888，601398，600252，002202，600177，600023，600058，000729，601899，600188，600036，000960，601231，000333，000625，000568，601988，600739，600415，002081，000060，600166，600362，600068，601818，002470，000876，000778，600497，601998，600267，601225，600547，000027，601018，000538，002236，601006，600597，601727，601169，600030，600050，600549，601808，600369，002385，600028，601288，601088，600352，601318，600115，002142，601390，601600，601333，000983，000878，600060，601179，600795，600887，002416，601328
000778	600489，601888，601398，600252，002202，600177，600023，600058，000729，601899，000725，600188，600036，002344，300024，000960，601231，000333，000625，000012，000568，601988，600739，002081，000060，600166，600362，600068，601377，601818，002470，002429
600177	600489，601398，002202
600655	600489，600663，600547
600498	600406，601186
600188	600395，601398
600157	600395，601398，600188，600036，601988，601377，600030，600028，601901，601288，601088，000983，601628，601166，601699，601857，002353
601699	600395，601398，600188，600036，601818，601088，000983，601328，601166
601398	600395，600489，601888
600546	600395，600188，601088，000983，601699，600157，600123，601898
600123	600395，600188，600028，601088，000983，601699
601600	600362，600549
000758	600362，600549，000831，600259

（续）

股票代码	被媒体新闻共同报道的相关企业股票代码
000538	600276
002252	600276, 601998, 000538
600316	600276, 601601, 300024, 000625, 601377, 601006, 601238, 600030, 601808, 600369, 002385, 600028, 601901, 600383, 601088, 002410
002653	600276, 601377, 300015, 600535, 300146, 000963, 000413
300015	600276, 601377, 002294, 000538, 000423
000963	600276, 601377, 000538, 300015, 600535
600703	600276, 601231, 000333, 000625, 002065, 002429, 600570, 000538, 002236, 600030
000623	600276, 600739, 600079, 000538, 000423, 600887, 600535
601607	600276, 600036, 601988, 600267, 000538, 601727, 600998, 600535
600267	600276, 600036, 601988, 600079, 601998
600570	600276, 600036, 000333, 000625, 002065, 601098
002007	600276, 300024, 002252, 600030
002422	600276, 002304, 000538, 002252
000895	600276, 000625, 601988, 000538, 002236, 600030, 601318, 000002, 600887, 000651, 002415, 601166, 600315, 300058, 600690
600887	600276, 000625, 000538, 600597, 601318, 000002
000423	600276, 000538
002603	600276, 000538, 600030, 002007, 600535
002038	600276, 000538, 002252, 002422, 600535, 000963
600535	600276, 000538, 000423
600518	600276, 000538, 000423, 600998, 600535, 601607
600085	600276, 000538, 000423, 600535, 600518, 600436
300146	600276, 000333, 601377, 000538, 000423, 600030, 300015, 601318, 300027, 600887, 000651, 600535
002065	600276, 000333, 000625
600276	600252
600079	600252, 600276
002294	600252, 600276
600664	600252, 600276, 000538, 600535, 002603, 600518
002001	600216
601898	600188, 601225, 601088

（续）

股票代码	被媒体新闻共同报道的相关企业股票代码
600008	600177，600036，601988，601158
000338	600166，600030，601318，000157，600585
600900	600068
002416	600050
002465	600050，000063，600804
600383	600048
000002	600048，600383
000024	600048，600383，000002
600739	600036，601988
601808	600036，601601，601006，601238，600030
601098	600036，601601，002344，300024，000333，002065
000069	600036，601601，000625，300124，600030，600048，601288，600383，601318，000002，000039，000651，601628
600597	600036，601377，000876
000063	600036，601111，601988，600030，600050，601288，601318，000002，601857
600115	600036，601111，600663，601988，601288，601318
600018	600036，600663，601018，601328
601989	600036，600030，601808，000039，600118，002353，600372，601299，600999，000776，600583
002353	600036，300024，000333，000625，002065，600570，000538，002236，600030，601808，601901，000002，600887，000039，000651，002415，600406，601166，600315
002310	600036，002344，002065，601988，002429，601998，002304，002236，002252，601169，600030，600048，601288
000656	600036，000625，601988，601377，601688，601998
000718	600036，000060，601688，000656，600030，600048，600383，002310，002146，000002，300027，600376，600340，000750，601939，000024，000961，300251
601857	600028
600688	600028
600578	600023，600863，600795，600011
600642	600023，600188，000027，601727，600028，601088，600863，600795，601328，601857
600863	600023，000027
300251	300027

(续)

股票代码	被媒体新闻共同报道的相关企业股票代码
300133	300027, 300251
300124	300024
002008	300024, 601231, 600703, 002456, 002415
600060	300024, 601231, 000333, 000625, 600166, 601377, 000876, 600030
002230	300024, 600050, 300027
600118	300024, 600030, 601318, 600316, 600887
600372	300024, 600030, 600316, 600118, 002353
600166	300024, 000625
000039	300024, 000625, 600030, 601808, 600028, 000002
000559	002594
000970	002450
601111	002450, 601888, 601398, 002202, 601899, 600188, 600036, 601601, 300024
600352	002450, 601888, 601398, 002202, 600177, 600276, 600036, 300024, 601231, 000333, 000625, 000568, 002065, 601988, 600362, 600068, 601377, 601818, 600570, 601998, 601225, 000538, 002236, 601006, 601169, 600030, 002385, 600028, 601901, 600703, 601288, 600383, 601088, 002146
000333	002450, 601398, 600276, 600036, 300024
000536	002450, 601398, 600252, 600276, 600036, 300024, 601231, 000333, 000625, 000012, 000568, 002065, 601988, 002399, 002470, 000869, 600079
002429	002450, 601398, 002202, 000839, 601899, 000725, 600036, 002344, 300024, 601231, 000333, 000625, 000012, 002065, 601988, 000060, 601098, 002399, 002470, 000400
000503	002450, 601398, 002202, 000839, 600276, 600036, 601601, 300024, 601231, 000333, 000625, 002065, 601988, 000060, 601098, 002399, 601818, 002470, 000869, 000536, 002429, 600570, 601158, 601688, 002294, 601998, 002304, 000538, 601006, 000423, 601336, 000156, 601169, 603000, 300124, 600030, 000581, 002385, 600028, 601901, 601288, 300015, 600383, 601088, 002410, 600008, 600316, 002142, 000002, 600060, 600887, 002416, 601328, 000039, 002007, 002456, 000651, 600535, 002230, 601628, 000728, 600118, 600340, 600015, 000069, 000963, 601166, 600519, 601857, 000750, 000793, 002008, 002500, 300058, 603993, 600372, 000783, 601939, 601607
002106	002450, 601398, 002202, 000839, 000725, 002344, 300024, 601231, 000012, 600216, 002065, 601988, 002399, 601818, 002470, 000869, 000536, 002429, 601688, 002304, 002236, 000423, 002252, 600030, 002385, 601288, 002310, 002410, 002146, 600008, 002142, 000983, 300027, 002416, 601328, 002007, 002456, 002415, 002230, 600880, 601628, 000728, 002269, 000963, 000750, 000793, 002008, 002500, 002353, 300058, 000783, 601939, 000503, 002153, 000961, 002038, 002375, 002603, 000063, 002475, 000562

(续)

股票代码	被媒体新闻共同报道的相关企业股票代码
601258	002450, 601398, 000839, 600036, 002344, 000625, 002065, 601988, 601098, 601818, 002470, 601158, 601688, 601998, 600030, 002385, 601288, 601088, 002146, 601333, 002416, 601992, 601628, 000728, 600340, 000750, 000793, 603993, 601939, 600839, 000063, 600066, 000401, 600016
002202	002450, 600489, 601888, 601398
600516	002450, 600489, 601398, 601958, 000060, 600068, 601377, 600570, 601688, 600674, 600030, 600050, 600369, 601901, 601328, 600660, 600998, 000728, 600015, 000750, 000793, 002500, 600315, 601668, 600690, 600157, 000783, 000686, 600029, 601939
002470	002450, 600489, 601398, 002202, 600177, 600036, 002344, 300024, 601231, 000333, 000625, 000568, 601988, 600739, 000061, 601377, 601818
600315	002450, 600276, 600036, 000333, 000625, 002065, 601377, 600570, 000538, 002236, 600703, 601318, 000002, 600887, 000651, 600535, 002415, 600406, 601166, 600519
000581	002450, 600276, 300024, 000333, 000625, 002065, 000869, 002236
002399	002450, 600252, 600276, 000725, 600036, 300024, 601231
002410	002450, 002202, 600276, 600036, 300024, 000625, 002065, 601377, 002470, 000869, 600570, 601688, 601006, 600597, 601169, 603000, 601238, 600030, 601808, 600369, 002385, 600028, 601901, 600383
002129	002450, 002202, 000839, 000725, 600036, 002344, 300024, 601231, 000333, 000625, 002065, 002399, 002470, 000869, 000536, 002429, 600570, 601688, 002304, 002236, 000423, 002252, 601169, 300124, 600030, 601555, 002385, 600048, 600703, 600383, 002310, 601088, 002410, 002146, 002142, 000002, 000983, 300027, 600887, 002416, 002007, 002456, 000651, 002415, 002230, 000728, 300146, 002269, 000963, 000750, 002008, 002353, 300058, 600372, 000783, 000686, 601939, 000503, 002153, 002038, 002375, 600000, 002603, 300133, 000063, 002475, 300070, 000562, 002106, 600999
600395	002450, 000970
600489	002450, 000970
300024	002450, 000970, 601888, 601398, 002202, 600276, 000725, 600036, 601601, 002344
000725	002450, 000970, 601398, 600252, 600023, 000729, 600398, 000839, 600276
000400	002450, 000970, 601398, 002202, 000729, 000839, 600036, 300024, 000333, 000625, 000012, 000568, 601988, 600068, 601377, 002470, 000869
601888	002450, 000970, 600489
000839	002450, 000970, 600489, 601398, 600252, 002202, 600023, 000729
002344	002450, 000970, 600395, 601398, 002202, 000729, 000839, 600276, 000725, 600188, 600036
600252	002450, 000970, 600395, 600489, 601888, 601398

(续)

股票代码	被媒体新闻共同报道的相关企业股票代码
000012	002450, 000970, 000725, 300024, 000333, 000625
002375	002202, 600276, 002344, 300024, 002065, 002081, 601377, 002470, 601688, 002304, 002236, 002252, 603000, 600030, 600369, 002422, 601901, 002310, 002146, 002142, 600887, 002007, 002415, 000728, 600340, 000793, 002500, 601668, 002353, 300058, 000895, 002153, 002038
600804	002202, 600276, 000625, 002065, 601098, 601377, 600570, 601928, 603000, 600030, 600050, 002385, 601901, 600383, 300027, 600887, 000750, 000793, 300058, 000783, 600585, 600373, 002153, 600832, 300251, 600000, 000063, 300070, 000562, 600999, 000776, 600066, 000401, 600518
002269	002202, 600177, 600398, 000725, 600036, 002344, 300024, 000333, 002065, 601377, 000400, 002429, 601688, 002304, 002236, 002252, 600030, 600369, 002310, 002146, 002142, 002007, 000651, 002415, 002230
002051	002202, 300024, 000625, 600068, 601688, 601006, 601800, 600030, 600028, 601088, 601390, 000157, 000963, 600519, 601668, 002353, 601186, 601618, 601299, 002038, 002375, 000063, 600999, 000776, 600031, 002400, 000800
300070	002202, 300024, 000333, 000625, 002065, 601377, 601158, 000538, 002236, 600030, 601901, 600008, 000002, 300027, 600887, 000651, 002415, 000750, 002500, 600315, 002353, 300058, 000783, 000895, 000024, 300251, 300133
002385	002202, 000729, 600276, 600036, 002344, 300024, 601231, 000333, 000625, 000568, 000061, 002399, 601377, 002470, 000876, 601006, 601169, 600030
002153	002065, 601098, 600570, 000156, 603000, 600030, 002415, 002230, 300058
600011	000983, 600795
000060	000970, 601899, 000960, 601958
600362	000970, 601398, 601899, 601988, 000060
600058	000970, 600489, 601888, 601398, 002202, 600177, 600023
000960	000970, 600489, 601398, 002202, 600177, 000729, 601899, 600188, 600036
600549	000970, 600058, 601958, 000060, 600362, 600497
600497	000960, 601958, 000060, 600362
000878	000960, 000060, 600362, 600497, 601600
603288	000858, 600030, 600519
000413	000725
002146	000656, 600030, 600048, 600383
300017	000625, 600570, 002304, 002236, 603000, 600030, 600050, 600703, 601318, 600887, 000651, 002415, 000963, 601166, 600519, 300058, 600690, 000783, 300133, 000063, 000562

（续）

股票代码	被媒体新闻共同报道的相关企业股票代码
601238	000625，600166
002594	000625，600066，601633
000800	000625，600066，601633，002594，000559
002236	000625，002065，000538
601633	000625，000776
000869	000568
002304	000568
000858	000568，002304
600519	000568，002304，000858
600809	000568，002304，000858，600519
002415	000538，002236，600887，000651
601179	000400
600406	000400
000651	000333
600690	000333，601318，000651
000100	000333，000651，600690，600839
600839	000333，000568，601988，600030，600060，000651，600690，600029
600031	000157
000876	000061
600108	000061
601118	000061，600108
601933	000061，000876，600519

在构建企业媒体关联网络期间，没有与其他企业在新闻中被共同报道的企业股票代码：
002450 600109 600038 601666 600309 600208 600348 000001 002292 601216 000937 000598 600403 600837 600875 600153 002024 600100 002241 600196 600256 601866 600111 600637 600588 000629 000999 000768 600010 600104 000009 600062 601766 000709 600150 000425 600277 600649 600633 600893 601669 600705 000792 600873 600827 601918 000630 600221 600741 600332